"OECD学习科学与教育创新"译丛 | 译丛主编 任友群

OECD教育研究与创新中心 主编

詹艺 译

重新设计学校教育
以创新学习系统为目标

Schooling Redesigned
Towards Innovative Learning Systems

华东师范大学出版社

本中文简体字版由 OECD 授权出版,并非 OECD 官方翻译版本。译文质量及其与原作文本的一致性由译者全权负责。当译文与原作矛盾时,原作应被认作唯一的有效文本。

Schooling Redesigned: Towards Innovative Learning Systems
© 2015 OECD
本书英文版由 OECD 首次出版发行。
重新设计学校教育：以创新学习系统为目标
© 2018 华东师范大学出版社
上海市版权局著作权合同登记　图字：09 - 2017 - 661 号

本书由 OECD 秘书长负责出版。本书所表达的观点和采用的论据不一定反映了 OECD 官方的观点或其成员国政府的观点。本书及其所含地图对任何领土地位或主权、对任何国际边界和国界划界，以及对任何领土、城市或地区的名字，不持任何偏见。涉及到以色列的统计数字由以色列相关部门提供并对其负责。OECD 对这些数据的使用依据国际法条款，对戈兰高地、东耶路撒冷和约旦河西岸以色列定居点现状不带任何偏见。

OECD 出版物的勘误表参见：www.oecd.org/publishing/corrigenda

译丛总序

经济合作与发展组织(Organisation for Economic Co-operation and Development, OECD)是推动国际学习科学研究的一支重要力量。1999年,学习科学研究领域第一本里程碑式的著作《人是如何学习的:大脑、心理、经验及学校》在北美面世,同一年,经济合作与发展组织教育研究与创新中心(Centre for Educational Research and Innovation, CERI)发起了"学习科学与脑研究"项目(Learning Sciences and Brain Research)。该项目旨在通过跨学科的国际性的协作,进一步理解贯穿人一生的学习过程,并促进神经科学研究者、教育研究者、教育决策者之间的对话。该项目第一阶段是从1999年至2002年,最终成果为《理解脑:迈向新的学习科学》(Understanding the Brain: Towards a New Learning Science);第二阶段从2002年开始一直到2006年,形成了《理解脑:新的学习科学的诞生》(Understanding the Brain: The Birth of a Learning Science)这一重要的研究成果。

2008年,经济合作与发展组织教育研究与创新中心开启了一项新的学习科学研究——"创新型学习环境"项目(Innovative Learning Environments, ILE)。① 该项目主要面向青少年的学习,研究如何深刻地理解学习本身,以及什么样的条件和环境能够使青少年更好地学习,旨在使政策改革者、创新行动者和学习科学研究者走到一起,利用这些研究发现使经济合作与发展组织的教育系统转变成为"学习驱动"的系统。"创新型学习环境"项目主要从三个方面展开:2008年至2010年着重进行学习研究,分析了国际范围内关于学习、教学与学习环境的研究发现,形成了《学习的本质:用研究激

---

① https://www.oecd.org/edu/ceri/innovativelearningenvironments.htm.

发实践》(The Nature of Learning: Using Research to Inspire Practice)这一颇有影响力的研究成果;2009年至2012年主要是在全球范围内搜集创新型学习环境的具体案例并从学习科学的视角进行分析,这一阶段的主要成果是《创新型学习环境》(Innovative Learning Environments);2011年至2015年则是聚焦如何在宏观和系统的层面上实施与学习相关的变革,并形成了《促进21世纪学习的领导力》(Leadership for 21st Century Learning)以及《重新设计学校教育:以创新学习系统为目标》(Schooling Redesigned: Towards Innovative Learning Systems)这两项研究成果。

在国际学习科学研究领域,经济合作与发展组织与美国自然科学基金会(National Science Foundation, NSF)并驾齐驱,两大机构之间同时还有着非常紧密的合作与交流。早在1999年,双方就在美国弗吉尼亚联合举办了学习型经济与社会中的知识测量高层论坛(High-Level Forum on Measuring Knowledge in Learning Economies and Societies)[1]。2012年,它们又联合举办了双方间的第一次学习科学大会,主题为"将我们是如何学习的联结到教育实践和政策:研究证据与启示"(Connecting How We Learn to Educational Practice and Policy: Research Evidence and Implications)[2],这次大会在经济合作与发展组织的总部法国巴黎召开,来自美国的几大学习科学中心的研究者都进行了报告。2014年3月1日至6日,这两大机构再次携手,并联合联合国教科文组织(UNESCO)、香港大学、上海师范大学以及主要承办单位华东师范大学,在中国上海共同举办了"学习科学国际大会",来自世界各地的研究者和相关领域的专家就学习科学研究的进一步发展及如何推动教育政策和实践的变革进行了广泛交流和深入对话。

由于华东师范大学是2014年"学习科学国际大会"的主办方之一和东道主,因此在长达一年多的会议筹办阶段和为期一周的会议举办期间,我和经济合作与发展组织教育研究与创新中心主任Dirk Van Damme有过多次交流。2014年末,我率华东师范大学代表团至巴黎访问经济合作与发展组织的总部,借此机会拜访了Dirk并与他进行了会谈。在此次会谈中,Dirk向我介绍了他所领导的教育研究与创新中心,并推荐

---

[1] http://www.oecd.org/edu/innovation-education/1855168.pdf.
[2] http://www.oecd.org/edu/ceri/49382960.pdf.

了该中心过去几年中开展的重要项目,还有一些已出版的与学习科学、教育技术和教育创新相关的一些研究报告。通过 Dirk 的介绍以及我的初步翻阅,我感到这些研究成果是正在寻求教育系统创新与变革的中国教育研究者、实践者和决策者所需要的,因此萌发了翻译引介的念头。回国后,我便请华东师范大学出版社对相关书目进行了版权引进,并组织华东师范大学相关学科的中青年学者着手进行翻译。

目前"OECD 学习科学与教育创新"译丛共包含 7 本著作,分别为:

- 《创新型学习环境》(Innovative Learning Environments)
- 《促进 21 世纪学习的领导力》(Leadership for 21st Century Learning)
- 《教育:促进健康,凝聚社会》(Improving Health and Social Cohesion through Education)
- 《技术驱动,教育为本:技术革新教育的系统方法》(Inspired by Technology, Driven by Pedagogy: A Systemic Approach to Technology-Based School Innovations)
- 《全球化世界中的语言:为促进更好的文化理解而学习》(Languages in a Global World: Learning for Better Cultural Understanding)
- 《回归艺术本身:艺术教育的影响力》(Art for Art's Sake? The Impact of Arts Education)
- 《重新设计学校教育:以创新学习系统为目标》(Schooling Redesigned: Towards Innovative Learning Systems)

这 7 本著作都是经济合作与发展组织教育研究与创新中心的"教育研究与创新"系列丛书,其中前 2 本是上文提到的"创新型学习环境"项目的主要研究成果。为了帮助读者了解此套译丛的概貌,我在此对这 7 本译著做一下简单的介绍。

《创新型学习环境》聚焦于如何变革学习方式以发展 21 世纪最为重要的能力,它与《学习的本质:用研究激发实践》一起,明确界定并示例了七大学习原则:(1)以学习为中心,促进参与;(2)确保学习是社会性的、合作性的;(3)高度适合学生的动机,关注情绪;(4)对包括先前知识在内的个体差异保持敏感性;(5)对每一位学习者有高要求但不会让他们承受过重负担;(6)运用与目标一致的评价,强调形成性反馈;(7)促进活动之间、学科之间以及学校内外之间的横向联结。这些是创新学习环境的方向和方法,也是学校教育系统创新的重要理据和有益借鉴。

该书还从学习环境的要素、学习环境的动力系统、领导力等方面,概括了案例所示的学习环境创新之道。学习环境的四要素是学习者、教育者、内容和资源。在所选择的案例中,学习者可能包括虚拟教室中的学伴甚至家长;教育者可能是相关行业或者领域的专家、成人或者学生的同伴;内容的重点针对 21 世纪学习者要具备的能力,如社会学习能力、跨学科能力,以及语言及可持续发展能力等;资源可能是来自网络的即时数字化资源。而动力系统推动着这些要素运作和交互方式的变化:教师和其他教育者可以重组;学生群体往往跨越年龄和年级,也可以超越时空的限制;学习时间灵活适应,而非固定不变;教学和评估更加个性化。要素和动力系统构成了学习环境之"教学内核"(pedagogical core)。

对于学习环境这个生态系统,要有良好的设计和有效的策略,对于学习进程要进行即时性的评估、反馈和调适,确保学习处于创新的中心。同时,要通过合作提升教师的能力,特别是跨界合作及联合其他学习环境的能力。要进一步推动变革,则要进一步关注来自科学研究与开发、技术进步、模块重组、知识网络化和分享等来源的新动力。

《促进 21 世纪学习的领导力》提出"学习领导力是指为了使学习得以发生而确立方向和承担责任"。它通过分布式、联结式的活动和关系得以实施,不仅包括正式参与者,还包括不同的合作伙伴,可以在整个学习系统的不同水平上进行实施。不管是在学校的微观层面上抑或是在更广泛的系统层面上,学习领导力提供了以创建和维系旨在助益良好学习的环境为核心的领导力的重要形态和目的,决定了学习的方向和结果。

该书是"创新型学习环境"项目第三阶段"实施与变革"研究的第一本举足轻重的出版物,它承接《创新型学习环境》一书中对学习领导力的重点强调,从概念和实践两个层面对什么是学习领导力进行了更深入的分析。同时,该书还介绍了一些如何运用创新策略和创新举措培育学习领导力的具体案例,并提出了几个重要观点:(1)学习领导力将创建促进 21 世纪学与教的环境置于领导力实践的核心;(2)学习领导力表现出了创造性并且常常伴随着勇气;(3)学习领导力示范并培育着 21 世纪专业主义;(4)学习领导力是社会性的、联结性的;(5)随着学习环境的创新,学习领导力变得更加复杂,通常涉及各种非正式伙伴;(6)创新型的学习领导力涉及复杂的多层次的化学过程;(7)需要系统层面的学习领导力。

《教育:促进健康,凝聚社会》一书起源于经济合作与发展组织教育研究与创新中心"学习的社会产出"项目(Social Outcomes of Learning,SOL)。该项目主要考虑到当代世界各国的国民幸福与社会进步等非经济问题的重要性日益显现,教育对于塑造这些关乎社会进步的指标作用显著。然而,人们对教育与社会产出之间的因果效应、因果路径、环境作用以及不同教育干预措施的相对影响,都知之甚少,因而开始了相关研究。经济合作与发展组织教育研究与创新中心于2007年出版了《理解学习的社会产出》(Understanding the Social Outcomes of Learning)一书,以一系列概念框架,描述并帮助人们理解学习与各项社会产出之间的关系。《教育:促进健康,凝聚社会》是该项目第二阶段的研究报告,也是"学习的社会产出"项目的第二本著作。

该书综合现有证据、原始数据和政策议题,以评估"学习的社会产出",说明了借由何种途径,教育能够有助于改善社会产出。该书提出,通过培养认知、社交和情感技能,促进公民养成健康的生活方式及建立良好的人际关系,教育可以改善健康,促进"公民和社会参与"。然而,只有信息交流和认知技能是不够的。社交和情感方面的技能可使个体更有效地利用认知技能处理所获信息,这样,人们才能更好地预防和应对健康风险,凝聚社会。教育不仅有助于个体习得这些技能,也有助于个体养成关乎健康生活方式的习惯、规范和信念,还有助于培养积极的公民。学习同样存在于家庭和社区,二者都是儿童发展多项关键能力的重要环境。该书还指出,当家庭、社区与教育机构所作出的努力保持一致时,这些努力最有可能取得成效。这就要确保在各个教育阶段、各社会领域的政策连贯统一。此外,政府在促进政策一致性和激励利益相关者合理投资方面,扮演着不可或缺的角色。

《技术驱动,教育为本:技术革新教育的系统方法》一书以丰富的案例从技术创造的机遇、技术驱动革新的监测与评价、研究的作用与贡献三方面阐释了技术驱动的教育革新。

该书第一部分概述了教育领域中技术的变化趋势,重点总结了Web2.0及数字学习资源的兴起与发展带来的机遇与挑战。第二部分侧重于论述国家如何监控与评价技术的应用,旨在支持与促进技术应用的普及与推广。这一部分还呈现了来自澳大利亚和新加坡的两个不同案例,分别介绍了澳大利亚在监控与评价ICT的教育应用的广泛事宜中是如何形成日益复杂的视角的,以及新加坡是如何从国家整体规划的层面对技术革新教育进行整体的设计、实施与评价的。第三部分以新视角呈现了研究的作用与贡献,针对技术应用效果研究采用持续的国际对比,探索了设计研究的可行之道。

最后,该书对运用系统方法开展技术驱动的教育革新予以了肯定,指出这种方法在对此类革新的评估以及运用可信证据决策的复杂问题上尤其有用,并且对当前教育革新假设构成了挑战。对此,该书还建议各国政府及教师等人群重新思考如何支持、监测与评价革新,无论这种正确的策略与工具应用是否恰当,是否发挥了所有的潜能,教育中技术应用的最终落脚点应该始终是学生的学习质量。

《全球化世界中的语言:为促进更好的文化理解而学习》一书源于"全球化、语言和文化"项目(Globalization, Languages and Cultures)。该项目由经济合作与发展组织教育研究与创新中心发起,从2008年到2011年与哈佛大学教育研究生院密切合作完成,其目的是使人们更好地理解一些在这个全球化时代越来越重要、但在教育研究文献中只是部分或边缘性地得到了解决的问题。比如,在非母语语言学习中为什么有些人比另一些人更成功?为什么有些教育体系或国家在非母语教育中比另外一些更加成功?对这些问题的探讨越来越重要,因为全球化的兴起使语言能力无论是对个体而言,还是在社会层面都越来越彰显其价值。

全书共25章,每一章作者的文化背景几乎都不相同,从而能表达独特的声音,并把各种学科交叉点上的想法汇聚到一起,提供来自全世界的观点。书中探讨的问题超越了(应用)语言学,涉及历史学、社会学、心理学,并且总是(直接或间接地)触及极端微妙的身份认同/他异性等问题,因此又涉及哲学、伦理学和政治学。

本书视角多元,探讨了从法国到哈萨克斯坦,从秘鲁到坦桑尼亚等全球范围内许多国家的语言学习问题,针对语言和文化在现在和将来对于人类的中心作用提出了重要看法。其总体目标是说明世界范围内语言多样性及其与教育的关系等宏大问题,分析教育政策和实践如何更好地回应这些新情况带来的挑战,以便使现在的决策者能更了解情况,同时启发读者认识到(以及鼓励他们反思)学习过程本身以外促进或阻碍成功习得非母语语言的多重因素。

《回归艺术本身：艺术教育的影响力》主要从两大部分对艺术教育进行了讨论。第一部分就不同艺术教育形式对认知的影响进行了分析，包括多元艺术教育、音乐教育、视觉艺术教育、戏剧教育、舞蹈教育对认知的影响和视觉艺术对阅读的影响。第二部分阐述了艺术教育对创造力、主动性、社交技能、脑力开发等非认知方面的影响。该书通过对大量研究的客观而审慎的分析，提出接受一定形式的艺术指导将对某些具体技能的开发产生影响，特定艺术形式的学习会形成对应类型的技能，而这些技能可能"转移"到其他领域。例如，音乐学习涉及听觉训练，听觉注意力的提高会提升语音感知技能，因而音乐学习就"转移"提升了语音感知技能。另外，戏剧学习涉及人物分析，因此会影响到理解他人观点的技能。但该书同时指出，艺术教育对于创造性和关键思维、行为和社交技能的影响尚无定论。

展望未来对艺术教育影响力的研究，该书作者希望研究者能进行更多的实证性研究，并且建议优先对艺术教育的方法论和理论架构进行探究。更加具体的建议则包括考察艺术心理习惯，探究具体艺术和特定非艺术技能间的联系，比较研究艺术形式的学习和"转移"领域的学习等。

《重新设计学校教育：以创新学习系统为目标》对OECD的"创新型学习环境"项目（Innovative Learning Environments，ILE）进行了总结与反思，并试图分析学校中创新的DNA。ILE项目始于2008年，包含了学习研究、创新案例、实施和变革三项接续并进的工作，是OECD最具吸引力的项目之一。

本书提出了"学习生态系统"的概念，结合并拓展ILE已有的"7+3"框架，分析了25个参与ILE项目的国家、地区或网络中的创新案例，归纳了这些创新举措的共同点，以及教育系统需要具备的一系列条件。对于教育实践者、教育领导者而言，书中丰富的真实案例、精炼的原则与要点就像是"浓缩的精华"，能够为教育变革的设计、实施和推广提供宝贵及有效的启示与借鉴。

本译丛将是一套开放的译丛，未来我们还将继续关注和跟踪经济合作与发展组织与"学习科学与教育创新"主题相关的项目与研究，并及时引介。本译丛的出版是华东师范大学推进学习科学研究的又一努力。此前，由我的导师华东师范大学终身教授高文先生及华东师大学习科学研究团队在2002年推出的"21世纪人类学习的革命"译丛(第一辑)是国内关于学习科学研究的首套译丛,主要收录了北美学习科学研究的若干经典著作,推出后在教育研究、实践与决策领域都产生了广泛影响。2012年,我和我的同事们继续在此基础上主编了"21世纪人类学习的革命"译丛(第二辑),到目前为止已出版了8本译著。我希望现在推出的这套"OECD学习科学与教育创新"译丛能够继续为我国的学习科学研究带来新的视角,提供另一种参考。

最后,在译丛出版之际,我要感谢全体译者过去两年多来所付出的辛劳,感谢华东师范大学出版社王焰社长、教育心理分社的彭呈军社长以及编辑孙娟对丛书出版给予的支持。我也期待着来自读者您的反馈和宝贵意见。

任友群

2016年7月于江西上饶信江河畔
2018年9月修改于华东师范大学丽娃河畔

前　言

　　随着时代的变迁,社会对学生和教育系统的要求也在发生改变。过去,教育的目标是教给学生一些东西。而现在,教育的目标是确保学生形成扎实的技能,能够在日益变化的世界中找到自己的方向。在当今社会,我们很难预知有哪些事物将会出现,反倒是常常惊讶于这些事物的出现,并且需要从中进行学习。在这个过程中,我们还时常会犯些错误。正是借着对这些错误和失败的正确理解,我们才能建立起让我们学习和进步的新环境。在过去,教师认为自己所教的是学生终身适用的。但如今,学校需让学生做好准备,应对以前所未有的速度快速变化的经济和社会,胜任还未出现的职业,使用还没有被发明出来的技术,解决我们还不知道将要发生的社会问题。

　　我们如何才能培养出能够积极主动战胜这些未知挑战的学习者?教育者们正面对这样一个困境:那些最容易教、最容易测量的技能,也是最容易被数字化、自动化、外包化的。毫无疑问,当前各领域的知识仍旧非常重要。具有创新或创造能力的人通常也具备某个领域的专业知识。"学会学习"的技能也非常重要,我们常常在学习的过程中,学习如何学习。然而,教育的成功与否不再取决于我们能否重述知识,而取决于我们是否能从已知的进行推理,并在全新的环境中应用知识。简单地说,当今世界所赞赏的,不再是人们知道什么(Google 知道一切),而是人们根据已知的能做什么。这是现今和过去最大的不同。如今的教育也因此更多地关注思维方式(包括创造性思维、批判性思维、问题解决和决策)、工作方式(包括交流和协作)、工作所需的能力(包括发现和探索潜在新技术的能力),以及帮助人们共同生活、工作的社交和情感技能。

过去，我们在教授解决问题的方法时，会先把问题分解成容易掌握的小问题，然后再教学生解决这些小问题的技术。如今，我们觉得把这些小问题综合起来解决会更有价值。这个过程需要好奇心、开放的思维，以及将看上去无关的观点联系起来的能力，这也要求我们熟悉并善于接受其他领域的知识。如果我们花费一生的时间专注于一个领域，我们就没有能力将多个分散的点创造性地联系到一起，而新生事物正是从这样的联系中涌现出来的。

这个世界也不再只简单地分成"专家"和"通才"。专家精通于某个较小领域的技能，他/她的同行认可这些技能，但其他领域的人并不会同样看重这些技能。通才具备很多领域的技能，但都不精通。现在世界日益看重的是"博才"，这些"博才"能够在不断变化的情景和经验中应用深层技能，获得新的能力，建立人际关系，承担新的角色。他们不但能不断地适应环境，还能不断地学习和成长，在飞速变化的世界中不断地对自己进行定位和重新定位。

在如今的学校中，最严重的事情可能是学生的学习是彼此独立的。当他们完成学业时，我们给予他们的也是个人成绩的证明。然而，随着世界中人的联系逐渐增加，我们越来越需要能够在生活、工作和公民权益中与他人联合的优秀合作者。创新也同样不是个人独立工作的结果，而是我们调动、分享、联系知识的产物。因此，学校需要确保学生为一个新的世界做好准备。在这个新世界中，人们需要与来自不同文化背景，持有不同想法、观点和价值观的人合作，并需要决定如何在这些不同中建立起信任与合作。人们的生活也将受到超越国界的事件的影响。换句话说，学校需要转变，从一个知识堆积在某处并快速贬值的世界转向一个交流和协作能力的影响正不断变大的世界。

在全球的很多学校里，教师和学校领导们正在努力使学生具备这样的知识、技能和品格。OECD的一项研究曾总结了这些努力获得成功背后的学习原则。这些原则包括以学习为中心，鼓励参与，让学校成为学生认识到自己是学习者的场所；确保学习具有社交性和合作性；对学生的个人差异高度敏感；充分理解学习者的动机和情绪的重要性；对每一个学生提出要求但又确保不超过他们的负荷；以这些为目标，持续地开展评价并重视形成性反馈；加强校内校外各学科、各种学习活动彼此之间的联系。

然而,还是有很多人"捍卫"着当前的教育。OECD 的教与学国际调查(Teaching and Learning International Survey, TALIS)发现,在参与调查的国家中,有三分之二的教师觉得自己所在的学校并不是很欢迎创新。因此目前创新学习环境还只是一种特例,不是大多数教育系统的规则,这也并不奇怪。

在书中,我们详细分析了能够让创新出现,能够让上述学习原则系统化实施的设计原则和条件。同时,本书也关注对教学核心进行创新的不同途径。这些关系到创新学习参与者(学生、教育者、学习内容和学习资源)之间的互动以及联系这些元素的动态过程(教学方法、形成性评价、时间的使用、教育者和学生所在的机构)。本书还研究了对以上过程给予系统化支持的机构的特征和领导力。研究发现,学习环境和系统不会自己发生改变,而是需要经过带有愿景和策略的充分设计。最后,本书还探索了教育中常常被忽视的建立创新合作伙伴的途径。这一探索发现,复杂学习系统的彼此孤立会限制它们的潜能。一个强大的学习环境和学习系统能够不断创造协同机会,并寻找与他人一同提升专业、社会和文化资本的新途径。在这个过程中,它们会和家庭、社区、高等教育机构、文化机构、商界,尤其是其他学校和学习环境进行协作。

本书的撰写源于三项工作。第一项研究工作集合了全球的专家们对有关学习的基本原则的理解。第二项工作是各个国家和教育系统中的一系列创新案例。第三项工作探索了变革管理和政策实施的有效实践。之所以安排这样的撰写逻辑是因为我们坚信:有必要将创新学习环境落实到有关人是如何学习的知识中,以及这些知识在何种情境下能够发挥最大的作用;有必要了解真实的学习环境的细节特征,并从中获得灵感;有必要突破个别案例零星出现的现状,加深对创新实践如何发展、推广和保持的理解。

一些人可能会要求我们提供强有力的科学证据,证明这些工作的有效性并清楚界定什么是真正有效的创新。这对我们而言依旧是一个挑战。教育领域中使用的科学数据更适用于检测过去的实践效果如何,不太适用于未来实践的设计。而且,很多非传统的学习环境还没能很好地在实践中融入系统的研究。所以,本报告避免使用"证实"或"最好的实践"这样的字眼。报告中所提到的原则,也是在大范围征求了参与项目的个人和机构对"哪些原则对政策和实践确实有用"的意见后才确定的。

  本书由 OECD 教育和技术董事会负责,由 David Istance 担任第一作者。Mariana Martínez Salgado 负责联络参与研究的教育系统和专家,并为项目的发展方向和本报告提供建议,Emily Heppner 负责行政事务并协调成书过程。

Andreas Schleicher

教育和技术董事会主任

致 谢

本书的成稿得益于多方的努力。如果没有各个系统①提交的详尽报告,本书是不可能完成的。此外,我们也特别感谢在各个系统中领导或共同领导项目活动的创新学习环境(Innovative Learning Environments,ILE)的同伴们,还要感谢在各个系统中负责记录 ILE 系统笔记和追踪信息的人员、直接参与本报告所讨论的策略和举措②的人员,以及支撑 ILE 项目运作的实物支持。

2013 年 7 月和 2014 年 6 月,巴黎开展了两次"变革学习的实验基地"专题工作坊。五个国家自告奋勇,成为 ILE 这项国际工作的"变革学习的实验基地",它们紧密配合、主动参与,为此我们由衷地感谢:

- 比利时(法语社团),特别感谢 Gaëlle Chapelle 和 Jean-Luc Adams;
- 加拿大(英属哥伦比亚),特别感谢 Judy Halbert 和 Linda Kaser;
- 新西兰,特别感谢 Brian Annan、Rose Carpenter 和 Jackie Talbot;
- 秘鲁(创新学校),特别感谢 Maria Teresa Moreno Alcazar、Jorge Yzusqui Chessman 和 Gonzalo Conti Perochena;
- 南非(夸祖鲁-纳塔尔省),特别感谢 Lynn van der Elst、Edward Mosuwe、Chris Ramdas 和 Claude Tshimanika。

本报告成型于 ILE 项目"实施和变革"部分的工作。这一工作的完成得益于各类

---

① 系统,原文 systems。本报告中所收集的策略和举措既有来自国家的,也有来自一个国家中的某个地区或者团体的,因此原文使用 system 一词代表这些提交策略或举措的主体。——译者注

② 举措,原文 initiatives,含有"首创"的意思。为提高阅读的流畅感,将该词翻译为"举措",但请读者注意这些"举措"是各个国家、地区或系统"首创"的。——译者注

会议所作出的重要贡献。为此，我们特别感谢在这些会议中提供专业组织和智慧引导的 Valerie Hannon 和 Tony Mackay。

2013 年 1 月 7 日至 9 日，在智利教育部的共同举办下，ILE 国际会议在智利首都圣地亚哥召开。会议着重讨论了"实施和变革"这部分的工作。为此，我们特别感谢 Francisco Lagos Marín 和 Eliana Chamizo Álvarez。

2013 年 12 月 3 日至 5 日在巴塞罗那召开的会议主要聚焦学习领导力。但会议的内容为本书相关内容的反思作出了贡献。为此，我们特别感谢 Jaume Bofill 基金，Ismael Palacín、Anna Jolonch 和 Valtencir Mendes 提供的支持。

2014 年 6 月 20 日在巴黎召开的评估与创新 ILE 研讨会同样由 ILE 网络的成员参加，旨在加深对"实施和变革"中一项关键议题的理解。在此，特别感谢准备主要讨论文章的专家 Lorna Earl 和 Helen Timperley。

2014 年 11 月 3 日至 5 日在巴黎召开的"教育中的创新、管理和变革"重大会议特别关注 ILE。在会上，一些教育研究与创新中心（Center for Educational Research and Innovation, CERI）的项目提供了他们的贡献，帮助我们提炼了本报告的论据。为此，我们特别感谢在本次会议中发挥特殊作用的 Lucie Cernan 和 Emily Heppner。

2015 年 1 月，伦敦召开了一项政策会议，讨论 OECD 的著作《教育政策展望》的第一版，ILE 在其中贡献了一个章节。此次会议还开展了有关实施创新学习环境的工作坊。

2015 年 4 月 19 日至 21 日，由全球教育领导者合作伙伴（Global Education Leadership Project, GELP）、南非夸祖鲁-纳塔尔省、OECD/ILE 共同举办的"建立未来的学习系统：从创新特例到全系统的转变"会议讨论了本报告的第一版草案，并给予了宝贵的反馈意见，为此我们特别感谢所有参与组织这次会议的人员。

除了 ILE 的协调者，大量的专家为本报告的撰写提供了支持和意见。为此我们特别感谢 Francisco Benavides、Lorna Earl、Valerie Hannon、Tony Mackay、Louise Stoll、Dahle Suggett 和 Helen Timperely。Mariana Martneíz Salgado 在 2014 年底离开 OECD 后，还继续为本报告提供宝贵的建议和支持。

我们还要感谢 CERI 理事会成员和工作人员提供的支持和帮助。OECD 秘书处的 Janina Cuevas Zuniga 和 Stephanie Villalobos 也在最后阶段和 ILE 共同工作。我们

致 谢

还要感谢 EDU 通讯的同事和 PAC 团队，特别要感谢 Sophie Limoges 和 Anne-Lise Prigent 提供的有力支持，以及所有提供支持的人。Design Media 设计了本报告的排版与布局。

目　录

本书概要　1

第一章　创新学习系统变革过程中的挑战　1
　　　　创新的紧迫性　2
　　　　重新思考系统与层面　4
　　　　拓展 ILE 框架　5
　　　　ILE 策略和举措的共同特征　8
　　　　变革学习系统　9
　　　　参考文献　11

第二章　创新学习环境普及的条件和标志　12
　　　　ILE 的"7＋3"框架　13
　　　　实施 ILE 框架的条件和政策　14
　　　　ILE 框架被广泛应用的表现　18
　　　　主要结论　27
　　　　参考文献　29

第三章　有助于推广创新学习环境的策略　30
　　　　为国际研究收集有效的策略和举措　31
　　　　上交给 ILE 的策略和举措　32

　　　　创新学习策略背后的线索：Cs　38
　　　　主要结论　51
　　　　参考文献　53

第四章　在中观层面的网络化中发展创新学习　54
　　　　作为中观层面创新的策略和举措　55
　　　　拓展学习系统的架构　58
　　　　加强对21世纪学习的关注　59
　　　　通过各种正式与非正式组合方式拓展系统的水平维度　64
　　　　在举措中推广与传播　68
　　　　用策略的开展过程例证ILE框架　72
　　　　主要结论　74
　　　　参考文献　75

第五章　复杂学习系统中的改革和领导力　77
　　　　通过中观层面变革元系统　78
　　　　联系更多、更多元的元系统的可视化　80
　　　　学习创新与变革的动态性　82
　　　　复杂性和系统领导力　92
　　　　主要结论　94
　　　　参考文献　96

　　　　经济合作与发展组织　98

本书概要

"教育系统在培养学生何种(以及如何培养)知识、技能、能力上表现得如何?"这一问题日益成为公众讨论的焦点。一直以来,人们都在不断追求如何提供更全面的教育机会,如何促进个人的发展。这一问题的出现象征着创新的新起点。然而,呼吁创新和系统变革,并不是把创新零散地放置在各处。创新学习环境涵盖专业化的协作、所有参与者的积极投入(尤其是年轻人自己)。这种定义"创新学习环境"的方式更具前瞻性,更可能提升教学的吸引力。

这一定义还包含其他一些因素,如数字技术的渗透、全球联系的程度、新的学习提供者的出现、雇主对学校产出的兴趣、其他领域关于学习的专业意见(例如,创造性领域关于学习的专业意见)、人际网络的程度①。这些因素的加入,都让以往对学校系统的垂直化定义显得更为片面。

ILE 项目起源于对术语和概念的需求。这些术语和概念是从学习的角度,而不是从学校教育的正式机构系统的角度进行定义的。本报告采用的一个基本概念是"学习生态系统"(learning eco-systems)。这一概念意指不同提供者和机构之间互相依存的组合。随着时间的变化,这些提供者和机构以变化的组合方式,扮演着不同的角色,与学习者产生不同的关系。对于这一概念的不同层次,我们采用以下三个概念进行区分:

---

① 在本报告中,networked、networking、networks 三个词时常出现,相应地翻译为互联的、网络化、网络。其中,"互联的"表示学习环境、不同人员等彼此联系的状态。"网络化"表示将学习环境、不同人员联系起来的过程,或是联系这一做法本身。"网络"表示互相联系在一起的学习环境、不同人员等形成的网状结构,而不是我们日常所指的计算机网络(虽然本书中的一些网络也会有自己的网站)。——译者注

- ILE 早期工作中定义的学习环境(微观层面 micro level)。尽管很多学习环境位于学校之中,但这一定义也可以有多种机构组织形式。
- 中观层面(meso level)。这一层包含了多种多样的学习环境。这些学习环境的组织形式包括网络、共同体、链①和举措。对于创新学习的增长、传播、持续而言,这一层非常关键。
- 元层面(meta level)。这一层聚集所有的学习环境,包含所定界线内的各种各样的组织。

ILE 曾提出"7+3"框架,代表 7 条学习原则和 3 个创新组织的维度。本报告对这一框架进行了拓展,吸纳了中观层面中的网络的本质和策略,用以回答:

- **聚焦学习**:网络或策略是如何聚焦学习,如何理解"聚焦学习"的?这关乎学习的目的和中心性。
- **正式和非正式②之间的平衡**:有多少证据显示非正式学习提供者是学校的替代者或补充者?正式学习环境以怎样的非正式途径形成网络?这关乎参与者是谁。
- **学习和网络传播**:中观层面的策略和网络如何真实地推广了学习创新?这关乎在网络化的学习系统中进行传播。

ILE 研究邀请了一些系统参与第三部分"实施和变革"的工作。这些系统提供了实现创新学习的具体策略或举措。这些策略或举措可以应用于不同的学校或机构,其设计特征可以概括为一系列的"Cs"③。

- **文化变革(Culture Change)**:一些策略强调在学校中开展文化变革的重要性。这一变革比表面变革更为重要,但也更难以实现。
- **明晰焦点(Clarifying Focus)**:必须明晰焦点和优先次序,因为试图一次顾及到

---

① 链,原文 chains,用于形容不同学习环境之间彼此联系的方式。在第四和第五章中有具体的描述。——译者注
② 非正式和正式,原文 non-formal 和 formal。在原文中这两个词后没有跟其他名词。根据原文意思,非正式和正式既可以指不同的教育形式,也可以指不同的教育参与者等。因此,虽然在阅读时略有突兀感,但在翻译时未在两个词后附加其他名词。——译者注
③ 设计特征对应的英文单词都是以 C 打头的,所以简称为 Cs。——译者注

所有事情会带来风险，使精力太过分散、不连贯，导致在过程中逐渐迷失所有的目标。
- **能力建设－知识和专业学习（Capacity Creation-knowledge and Professional Learning）**：策略和举措的基石是形成"有关正在发生的学习"的知识，并在这些知识的基础上行动。这意味着广泛开展专业学习和能力建设。
- **合作与协作（Collaboration and Co-operation）**：很多策略都要求专业合作，正如网络和专业学习是建立在合作和协作基础之上一样。
- **通信技术和平台（Communication Technologies and Platforms）**：对于以创新学习环境的发展和维持为目标的策略而言，平台和数字通信是其重要的组成部分。
- **变革中介人①（Change Agents）**：很多策略谈到确立具体的变革中介人，由专业的机构提供支持。

创新学习的大规模发展和维持需要建立在对当前学习系统复杂性的理解之上。这些学习系统包含很多场所②、参与者和联系。繁荣的、网络化的学习生态系统（中观层面）的建立，是更宏观的元层面变革出现的主要途径。

鉴于关系和联系③的重要性，知识是系统变革动力的关键成分，可评估的知识是创新和实施不可分割的部分。我们需要有关变革的理论，将行动、策略和政策同计划中的良好结果联系到一起。对于将变革理论转化为可实践的行动而言，叙述④可以起到非常重要的作用。

关系、联系和信任的建立与实现需要时间；网络和共同体的互动在时间中显露出来；不论是个人、班级、学校、网络、实践共同体、地区、利益相关者还是教育部门，学习都是需要花时间的。一些策略选择了先试点，另一些则倾向于使用快速原型法，在更短的时间内实施。

---

① 变革中介人，原文 change agent，指在变革的过程中将新的角色赋予一群人，让他们在变革过程中发挥一定的中介作用。在本报告的第三章中有详细的阐述。——译者注
② 场所，原文 settings，指学校等各类机构开展教育、学习方面工作的地方。——译者注
③ 关系，原文 relationship。联系，原文 connections。——译者注
④ 叙述，原文 narratives，详见第五章。——译者注

在这些复杂系统中，领导力变得非常关键，也日益受到更多挑战。通常来说，领导力来自传统系统外部的新参与者。但是，政府的领导力在形成目标共识、基础建设和责任说明方面依旧非常重要。在调节、鼓励和促进三个方面，政府扮演着特别的角色。

一个完全整合了ILE框架的元学习生态系统将具备：

- 高水平的学习行动和学习动机，以及突出的学习者代表和声音①。
- 主动的、合作的、具备有关学习的丰富知识的教育者。
- 丰富多元的教学实践。这些实践中随处可见个性化的方法、积极主动的教学方法和形成性评价。
- 大量的跨学科、课程开发和新的学习资料。
- 广泛的技术资源和社交媒体的创新应用。
- 使用学习证据和评估的文化，包括成熟的信息系统。
- 繁多的新评估和评价标准。
- 随处可见各类人士参与教育。
- 繁荣、充满生机的中观层面。
- 高密度的全球联系，突破传统系统和地理的限制。

---

① 学习者代表和声音，原文 learner agency and voice，此处的意思应该是指学习者有发言权。——译者注

第一章 创新学习系统变革过程中的挑战

本章介绍了本报告的构思和涉及的关键概念，总结了本报告的主要发现与观点。学习系统的复杂性是一个事实。这一事实也越来越被人们所认识到。相比之下，机械化的比喻、"在良好的系统中政策是万能的"这样的假设就显得苍白无力。因此，我们需要有生机的概念和模型，比如"学习生态系统"。"学习生态系统"这一概念又可以进一步分为学习环境（微观）层面、"互联的学习生态环境"（中观）层面，以及全局的"学习生态元系统"。本报告从"是否关注学习"、"怎样关注学习"、"如何平衡非正式与正式"、"传播的方式"等角度出发，对在"互联的学习生态系统"[①]中运行的举措进行了分析。这些举措或策略的共同点可以概括为一系列的Cs：文化变革、明晰焦点、能力建设-知识和专业学习、合作与协作、通信技术和平台、变革中介人。更全局的"学习生态元系统"中出现变革的主要途径就是"互联的学习生态系统"的繁荣发展。本章重点关注知识、时间和领导力，包括政府的角色。

---

① 即中观层面的学习生态系统，本报告第五章中的一张图用可视化的方式呈现了互联的中观层面。——译者注

创新的紧迫性

在全世界,教育变得日益重要,也因此受到政府的关注。造成这一现象的推动者之一(很可能也是唯一的推动者)是经济。它也被认为是知识、技术和能力在维持社会繁荣过程中所扮演的根本性角色。于是,"教育系统在多大程度上使学生掌握了知识、技术和能力"、"教育系统使学生掌握了哪些知识、技术和能力"这两个问题逐渐成为公众争论的中心。如今,在关于教育的价值的观点中,没有一个观点能比"教育能够提高竞争力"获得更多的政府投入。尽管从概念上讲,"竞争"就意味着有赢家有输家,追求竞争力可能会和教育所担负的其他使命相冲突。

和国际竞争力直接挂钩、全球化的事实,意味着至少在过去的二十年中,教育的国际维度变得越来越重要。全球化既对教育提出了新的要求,也对教育产生了新的影响。一方面,全球互联催生了不同经济体之间的对比,也进一步激发了更多的需求。另一方面,随着跨境教育活动范围的扩大,重要的国际标准在国家和地方范围内越来越具有影响力,全球化也回报给了教育更多的复杂性。

这些发展加剧了改革的紧迫性。在很多地区,人们认为改革是对官方学校系统中的方法、内容等方方面面进行现代化、创新化。这也进一步加重了公共财政的压力,而公共财政主要关注的是可知晓的无效性。这种改革的压力通常表现为偏爱"学习"而非"教育",准备好打破已被接受的教学安排方式,并认为这些安排方式太慢了,跟不上改革的步伐且和全球、地方经济的快速转变相脱节。这是一种提倡在大范围内对学校环境进行彻底修整的激进观点。在OECD有关办学场景的表述中也出现了"解构学校教育"(de-schooling)这样的说法。

一直以来,教育界、改革者渴望理解什么是更全面的教育机会,并希望促进学生个体的发展。相比之下,如今的变革有一个完全不同的出发点,这一出发点认为,问题并不是教育机构和经济太脱节,而是教育机构太封闭,提供的课程太狭窄,只教授表面的知识不深化学生对知识的理解。不仅如此,教育系统还非常不公正,远不是由社会和经济的排序和选择作用推动的,也没有根据最优化的学习来进行组织。在OECD的表述中,这种观点叫做"重构学校教育"(re-schooling)。

于是乎,对经济的批判和对教育的批判看上去是彼此远离的两极。然而在某些方面,这两者又紧密地联合到一起,对革新产生强大的压力。因为这两个截然不同的出发点最终都得到一个相同的基本结论。对其中任何一者的批判都可能会指向一些支持性的证据,表明在一大群年轻人中,谁在青少年时期没有参与学习。对这两者的批判都坚持,我们所需要的是激进彻底的变革,而不是小小的改进。它们也都呼吁革新,呼吁增强学校和其他场所的力量以引发学习。它们可能都会说"需要系统的变革,而不是东改改西改改,彼此之间不相联系"。事实上,第一眼看上去毫不相关的批判很可能最终会彼此相连,只不过侧重点不同。

另一群关键的支持者是教师。教师在复杂的、知识富集的情景中工作。但在大多数国家中,教师缺乏对自己工作专业性的认识,不清楚自己的专业地位。在这种情况下,他们可能会作出的一种回应就是退回到"防御模式",也就是将"专业自主"理解为在自己的课堂中能够不被打扰的权利,并力求"保护"这样的理解。而在创新学习环境中,需要专业上的协作,同时其他人员(特别是年轻人)的参与度也很高。相比前面"退缩性"地理解专业化,创新学习环境为教学吸引力的提高提供了一条更加有前景的路径。

虽然批判和支持是不同的,但在迫切要求对学校教育的根本进行革新方面,它们却是一致的。如果我们真的想要培养学生使其具备21世纪的技能,想要开展全面的教育,想要对当前的专业工作环境产生强烈吸引力的话,就需要在绝大多数的学校和系统中,对核心的常规和实践进行彻底的变革。这些常规是可预见的、可控制的实践所遗留下来的。而这些实践和目前我们理解的学习组织没有一点儿相像之处(OECD,2010)。变革意味着要解决教师工作的不明显性,在高度片段化的班级管理中教师的孤立性,重要成员(尤其是学生)的低参与性、一致性和复刻性等问题。

随着我们"远离"高度传统的范式,日益增进的对复杂性的理解更凸显了机械化的政策隐喻,"在良好可控的系统中中央政策是万能的"这种假设的苍白无力。这些隐喻和假设完全不贴合一个角色多元化的世界。在这个世界中,全球和地方的参与者、非正式的参与者和活动都具有影响力。数字通信也变革了交流的方式和边界。更有生机的隐喻和范式可能看上去比较凌乱，也难以预计，但生态系统和复杂性已经成为当今世界的本质。我们不能因为旧的范式更加齐整就简单地坚守它。在本报告中，这一观点贯穿始终。

重新思考系统与层面

当关注点聚焦到学习系统和创新上时，很多传统的框架就不那么适用了。传统的假设认为，政策是由政府制定的，随后由上而下，通过地方政府、实施和支持机构，最终下达到学校校长，并在课堂中进行落实。在传统的学校教育中，"学习"和"教育"被认为是同义词。其他的一些机构组织，比如教育出版社、考试委员会、教师培训机构则被认为是政府计划所涉及的外延机构。然而，即使这些框架在最初是适用的，如今它们已经越来越不适用了。政策一直以来面临着一个挑战，那就是众所周知的在改变教与学行为方面，政策是无能为力的。学习系统远不止学校。创新意味着要跳出传统的范式和结构。

其他的一些因素，诸如数字技术的渗透、全球联系的程度、新的学习供应商的加入、雇主对学校教育结果和其他领域（如创造性领域）中学习专长的兴趣点、互联的程度，都颠覆了这种官方的、垂直化的概念。而这些概念也从未完全适用。我们需要既包含水平维度也包含垂直维度，既包含非正式也包含正式，既包含自发协作也包含管理的模型。这并不是说要忽视学校和它们的组织系统，而是要将它们整合到更加全面的概念和系统中。

这些都要求我们必须思考学习生态系统。在这个系统中，不同的供应者和机构面对不同的学习者扮演着不同的角色。他们与这些学习者的关系也随着时间变化而有所不同。这些相互依赖的组合形成一个交错的网络。这也意味着不止一个系统，而是有很多个系统，不止一个"系统层面"而是有一系列复杂的互相交织的系统。如果把变革看作是由教育权利方主导的，那么要改变的远远不止是政策，因此政策只是众多引发变革的源头中的一个。

鉴于本报告不再把传统的机构组织定义为"系统"，我们也不能使用常见的区分班级层面、学校层面、区域层面和系统层面的方法。ILE 项目的开展,就是以需要新的术语和概念为起头的。这些术语和概念的界定依据是学习,而不是传统的学校教育机构系统。在本报告中,我们进行了如下的区分:

- **学习环境(微观)层面**:和 ILE 之前的定义一样,学习环境背后的组织安排是中性的[①],虽然大部分学习环境是在学校中的。
- **中观层面**:由很多互相联系成网络、共同体、链和举措的混合学习环境组成。这一层面在传统的管理图表和教育系统中并不是显性的,但对于创新学习的发展、传播和维持而言非常重要。
- **元层面**:对这一层面边界的界定可以是非常广泛的,也可以是比较约束的。元层面是系统边界所划归入的所有的学习环境(微观)层面和中观层面的聚合。

ILE 研究所收集的策略主要是中观层面变革的例子。第三章和第四章详细讨论并分析了这些策略。第二章和第五章则讨论了更为广泛的元层面的变革。

拓展 ILE 框架

ILE 国际研究的主要目标和成果是搭建一个用于理解学习环境和系统的框架。我们把《创新学习环境》(OECD,2013)一书中呈现的框架称为"7＋3",因为这一框架是在 7 条设计原则,以及这些原则所涉及的 3 个维度的基础上构建起来的。在下文中,我们将简要介绍这 7 条原则和 3 个维度。本书对这一框架进行了两方面的拓展。首先,本书详细阐述了在有利的条件和政策背景下如何应用"7＋3"框架,并罗列了 ILE 框架开始成为常态的一些表现(第二章)。其次,本书将这一框架进行拓展,使其更适合于理解学习系统。

七条学习原则

"7＋3"中的"7"是指《学习的本质》报告中界定的 7 条基本设计原则(Dumont,

[①] 中性的,原文 neutral,这里指任何机构组织内都可以有学习环境。——译者注

Istance and Benavides，2010)。这些原则最初用于设计最优化学习的个人学习环境，但它们同样也能作为更广泛的策略、改革和系统变革的指导原则。为了达到最佳的效果，学校和其他学习环境都必须满足全部的7条设计原则：

- 学习原则一：学习中心，鼓励参与，学生在学习环境中认识到自己是一名学习者。
- 学习原则二：确保学习是社会化的，且时常需要协作的。
- 学习原则三：充分理解学生的动机，以及学生情绪的重要性。
- 学习原则四：敏锐地捕捉个体的差异，包括先前知识方面的差异。
- 学习原则五：对每一位学生都提出要求，但不过度要求。
- 学习原则六：使用和目标相一致的评价，并重点关注形成性反馈。
- 学习原则七：为不同的学习活动、学习科目、校内和校外的学习提供水平维度的联系。

三个创新维度

随后的ILE《创新学习环境》报告(OECD，2013)将上述7条学习原则作为所有活动和组织的根本，并在此基础上增加了3个维度，优化了将这些原则应用于实践的条件。

(1) 创新教学核心。确保核心目标、实践和动力也是创新的，以符合学习原则所提倡的要求。这不仅要求核心元素(学生、教育者、内容和学习资源)要有所创新，而且联系这些元素的动力(教学和形成性评价，时间的使用，教育者和学生的组织形式)也要有所创新。

(2) 成为具备有力学习领导力[①]的"形成性的组织"。学习环境和学习系统不会自己变革。它们需要具有眼界和策略的有力设计。这样的领导力需要时常进行自我检查，并了解有关已获得的学习的证据，才能将关注点牢牢地锁定在学习上。

(3) 向合作者开放。这一点认为，在一个复杂的学习系统世界中，孤立会严重限

---

① 领导力，原文leadership，不只是具体的领导人，而且是指领导人展现其领导力的能力、过程。——译者注

制前景。一个强大的学习环境和学习系统时常会出现一些协同,并寻求与他人合作以促进专业化,提供社会和文化资本的新途径。它们会和家庭与社区、高等教育、文化机构、商业,特别是其他学校和学习环境一起来做这些事。

拓展 ILE 的学习架构

由于我们所界定的学习环境可能会在各种各样的组织机构形式中出现,因此前文提到的 ILE 框架是"与组织机构无关的"。但为了描述学习生态系统的架构,我们需要对不同的组织机构形式进行区分,并概括出这种学习系统的特征。本报告对 ILE 的框架进行了拓展,使其包含中观层面的学习环境网络和策略的本质。

聚焦学习:学习环境网络是如何聚焦学习的?它们通过 7 条原则,在聚焦 ILE 工作所界定的创新学习方面走的有多远?这关乎学习的目标和中心。根据定义,提交给 ILE 研究的一些策略和举措已经偏向于发展创新学习,但这些策略和举措采取了不同的方式。一些突出的举措重视在最开始时就概览并鉴定学习面临的挑战,而不是把它们当作是已知的。它们倾向于优先考虑学习者和学习者所在的家庭在这一过程中扮演的角色,接受 21 世纪所需能力的变化并将其应用于学习目标的界定中。但另一些举措依旧强调传统文化价值的知识。

平衡正式与非正式:从证据上来看有多少非正式的学习提供者?他们是作为学校的补充还是与学校结合到一起?正式学习环境如何以非正式的方式互联?在连续统的一端是正式的学校。当不同的学习或实践共同体以自愿的方式结合到一起时,正式的程度就降低了。也可能存在压根不是由学校组织实施的完全非正式的主体或举措。描绘元层面的学习系统中所有不同要素意味着既要捕捉学校系统的水平结构,也要捕捉学校系统的垂直结构。

创新"推广"的意义:中观层面的策略和学习环境网络在多大程度上传播了学习创新?这关乎在互联的学习系统中,使"传播"得以实现的联系的本质。有效的策略依赖于大量联系和不同的传播创新的方法。在这个过程中可能遇到的问题就是策略会成为"自身成功的受害者",所需的交流量超过了自身的能力。

ILE 策略和举措的共同特征

ILE 邀请各个系统通过提交具体的策略或举措，参与到 ILE 的第三项工作中。这些策略或举措的目的是促进多所学校或多家组织机构中的创新学习。大约有 25 个系统（国家、地区、学习环境网络）参与到了这项工作中。这些提交上来的策略或举措通过建立不同的学习环境网络、学习环境链和共同体，构建了学习生态系统中更大范围的中观层面，引领创新的推广。尽管这些策略或举措很好地为其他人提供了借鉴，但它们并不能算作是"最佳的实践"。随着学习环境网络和举措的一直涌现和发展，也会有一些学习环境网络和举措消失不见。创新学习系统的发展取决于新的、聚焦学习的学习环境网络举措的涌现。这些举措超越了那些不可避免走向衰弱或消失的举措。

这些彼此互不相同的策略和举措背后的设计特征可以概括为一系列由"C"开头的词（即 Cs）：

- **文化变革(Culture Change)**：一些策略强调在学校中开展文化变革的重要性。这一变革要比表面的变革更为关键，但也同样更难以实现。
- **明晰焦点(Clarifying Focus)**：很多创新策略都关注"改善教育低效、促进提升质量"这样的主流目标。创新是非常必要的，因为对传统方法稍作改变这种"换汤不换药"的反复做法并不能带来显著的不同。明晰焦点不是"百花齐放"，想要同时顾及到所有事情会导致精力的分散，并在过程中逐渐迷失所有的目标。
- **能力建设-知识和专业学习(Capacity Creation-knowledge and Professional Learning)**：提交上来的策略和举措有一个共同的核心，就是形成"有关正在发生的学习"的知识，并在这一知识的基础上开展行动。这意味着要有专业化学习，并进一步进行能力建设。这和知识强化非常相关，也时常会成为研究工作所必须的一部分。这些研究工作旨在理解如何让某一条策略的效果最大化，以及如何开发一些材料以实现这样的最大化。
- **合作与协作(Collaboration and Co-operation)**：正如学习环境网络和专业化学习共同体是建立在合作和协作基础上的一样，很多策略都建立在专业合作的前提之上。在目前的学习系统中,学习环境网络已经是协作活动的本质,在政策中也有明确的指向要建立有效学习环境网络的氛围和途径。

- **通信技术和平台(Communication Technologies and Platforms)**:平台和数字通信技术以多样的形式,已经成为创建并维持创新学习环境的重要组成部分。
- **变革中介人(Change Agents)**:一些策略涉及通过政策举措,形成专门的变革中介人。这些中介人能够在实践中发挥影响力,提供专业支持并助力创新的维持。他们同样也可能需要专业机构的支持。

变革学习系统

当前的学习系统包含多样的场所、角色和联系。我们需要理解其复杂性,才能在大范围内发展并维持创新学习。在中观互联的学习生态系统中创设出的欣欣向荣之态,为更大范围的元层面变革的出现提供了主要途径。

鉴于关系和联系的重要性,知识是创新过程动力和学习架构中关键的一部分。知识这个概念非常大,既包含了成文的知识也包含了缄默的知识。可评估的知识除了应用于创新开展之后的效果评估外,还是创新和实施的组成部分。参与者也因此被赋予一些权力,以实施知情的领导决策,并参与到设计过程中。评估思维则持续地为这一设计过程提供信息。

为了将行动、策略、政策和预期的有益结果联系起来,我们需要有关变革的理论。这些理论为我们驾驭变革、吸引具有共同目标的不同利益相关者提供了"地图"。即使有了关于变革的理论也是不够的,因为需要有理解力和能力将这些变革付诸现实。在将变革理论"翻译"成可操作的变革日程过程中,叙述①的作用是宝贵的。它为不同的参与者提供方向,并给出了变革本身很重要的原因。

关系、联系和信任的建立需要时间;学习环境网络和共同体之间的互动在时间中慢慢显露;不论是个人、班级、学校、学习环境网络、实践共同体、利益相关人还是教育

---

① 叙述,原文 narrative,可能是一些文字描述或文本,用于通俗地表达变革理论。——译者注

部门,学习都需要花费时间。一些策略都在大规模开展之前进行了试点,花了一定的时间学习变革的过程。但通常而言,"试点"指相对小规模的,并没有计划要进行大范围应用的举措。一些策略倾向于使用快速原型,在一个更短的时间内工作。

在这样复杂的系统中,领导力变得更为重要也更加富有挑战。很多时候,领导力来自传统系统之外的新参与者。但政府的领导力依旧非常重要,其合法性、开启资源的能力和能力的范围常常使其成为变革过程的中心。在学习机会的整体架构和分配中,政府在寻求目标一致、基础设施、问责方面扮演着特别的角色。在政府行动的战略选择中,有三个特别的角色:(1)调整;(2)激励;(3)促进。

变革的系统

高度符合ILE框架的学习系统看起来是什么样子的?通过第二章中形成的具体表现,我们可以对这类学习系统进行描述。这些表现呈现出一个照着ILE要求发展的元系统是什么样的。这样的系统呈现出活跃其中的个体(不论是未成年人还是成年人)具体的态度与学习参与度。学习者有很高的参与度并且坚持不懈,学校和班级则因为社团活动与学习而"喧闹"。这些系统还具有另一些特点,就是学习者和中介人非常积极主动。这些系统不仅仅在被称为"学校"的地方有。除了传统的教室,这些系统还存在于很多提供学习的场所中。这些场所或多或少地整合到了学校的组织中。

教育者的观念、知识和实践会有一个相应的转变。教师和其他教育者花大量的时间,在组织内或者和个别的学习者一起进行专业化的讨论,探讨普适的学习策略。他们乐意参与到学习领导、创新和专业协作、团队教学中。他们熟悉ILE的学习原则,以及与这些原则相关的各式各样的教学策略。从整个系统来看,教学实践非常多元多样,个性化的方法、形成性评价非常凸显。

随着学习者参与到研究中,学习项目和教育者之间,学习项目、教育者与学生之间,学习项目、教育者与其他学习环境网络的合作者之间的沟通变得频繁。在系统中,社交媒体和信息通信技术应用广泛。教学、学习和教育常常是"技术富集"的。大量的工作根据核心概念,整合跨领域的知识,并开发相应的学习材料和教学方法。大量丰富的研究和开发围绕教育专业知识和整合学科知识展开。

系统中有评估思维和自我检查的主流文化和实践,并过程性地使用评估证据启发策略的设计。领导力是分享的,并且高度聚焦于学习与设计。之前可能被认为是外部参与者的人成为学习系统的组成部分。这些重要参与者包括家庭、社区组织、企业、文化组织、大学、基金会和其他学习环境。高度开发的信息化系统让所有参与设计教学策略和学习环境的人都能够访问有关学习的细节信息。

　　大量新工具被开发出来用于评价学习,并被广泛使用。这些指标反映了学习环境和更大的系统的目标,包含掌握、理解、迁移和应用知识的能力、好奇心、创新性、团队合作和毅力。评价也延伸到传统学校场景之外。高质量的保障系统,包含检查系统,发现学习者投入的成功案例,并让学习者有发言权。

　　合作者之间、不同学习环境之间的高度协作和参与意味着在中观层面有明显的、密集的跨区域、跨网络、跨链、跨实践共同体的组织形式。这些组织有的是自发形成的,有的是通过正式的策略和学习环境网络举措形成的。其中,非正式的教育提供者起到了突出的作用。在一个全球化的世界中,合伙人们跨越国界,接触其他学习环境、不同的利益相关人是一件常见的事情。

参考文献

Dumont, H., D. Istance, and F. Benavides (eds) (2010), *The Nature of Learning: Using Research to Inspire Practice*, Educational Research and Innovation, OECD Publishing, Paris, http://dx.doi.org/10.1787/9789264086487-en.

OECD (2013), *Innovative Learning Environments*, Educational Research and Innovation, OECD Publishing, Paris, http://dx.doi.org/10.1787/9789264203488-en.

OECD (2010), *Innovative Workplaces: Making Better Use of Skills within Organisations*, Educational Research and Innovation, OECD Publishing, Paris, http://dx.doi.org/10.1787/9789264095687-en.

OECD (2001), *What Schools for the Future?*, Educational Research and Innovation, OECD Publishing, Paris, http://dx.doi.org/10.1787/9789264195004-en.

第二章　创新学习环境普及的条件和标志

本章对ILE研究之前开发的"7+3"框架进行了拓展,分析了有助于框架推广实践的条件和政策,并分以下八个部分进行了总结:"降低标准化程度,促进创新,拓宽机构体系""适合21世纪学习的问责和评价制度""提升学习领导力,促进信任,提高学习者代表性""普遍的专业协作""广泛的专业学习""数字设施的互联和规模化""兴起互联与合作的文化""强大的知识系统和评估文化"。本章阐述了"7+3"框架的十个元素,给出了表明这些元素是否被普遍应用的具体表现,提供了创新学习环境真正成为一种广泛实践的具体标志,从而进一步拓展了"7+3"框架。本章的最后对这些表现进行了归纳,形成一个简要的版本。

本章继续使用了OECD/CERI研究开发的、有影响力的创新学习环境完整框架(OECD,2013)。为了了解这一框架如何能够成为普遍的实践,本章对其进行了拓展。本章并没有简单地回答"一个强大的创新学习环境看上去是怎么样的?",而是提出了以下两个更进一步的问题并寻求其解答:

- **条件和政策**:为了确保这些设计原则成为学习系统普遍的特征,哪些外部变革和条件是必需的?
- **表现**:如果这一框架和其特征不只存在于特例中,而是成了普遍的现象,我们期望看到什么?

因此,本章的焦点不在于具体的政策或举措,而在于创新学习需要前进的更大方向。本章所界定的变革一部分是关于传统意义上的政策的,另一部分是关于其他涉及利益相关者和不同系统层面的变革和改革途径。这关乎导向性政策,同样的也关乎文化和条件。本章依据框架中的 10 个元素(7+3),依次界定这些元素被广泛应用的具体表现,并在本章的最后部分总结为简要的表现性指标。

ILE 的"7+3"框架

"7+3"框架中的"7"是《学习的本质》报告中界定的 7 条基本设计原则(Dumont, Istance and Benavides, 2010)。如果日常的实践中融入了这些原则,那么这些经过研究得出的原则将会在绝大多数的情境中,引发显著的变革。更进一步的要求则是必须应用所有的原则,而不是应用其中的一些。这些原则最初是个性化学习环境的设计原则,其目的是最优化学习。但它们也可以作为更广泛的策略、改革和系统变革的原则。

> **方框 2.1　ILE 的"学习原则"**
>
> 根据研究得出的原则指明,学校或其他学习环境想要实现效率最佳化,就需要遵守以下所有的原则:
> - 学习原则一:学习中心,鼓励参与,学生在学习环境中认识到自己是一名学习者。
> - 学习原则二:确保学习是社会化的,且时常需要协作的。
> - 学习原则三:充分理解学生的动机,以及学生情绪的重要性。
> - 学习原则四:敏锐地捕捉个体的差异,包括先前知识方面的差异。
> - 学习原则五:对每一位学生都提出要求,但不过度要求。
> - 学习原则六:使用和目标相一致的评价,并重点关注形成性反馈。
> - 学习原则七:为不同的学习活动、学习科目、校内和校外的学习提供水平维度的联系。

之后发布的 ILE 报告《创新学习环境》(2013)在继续维持 7 条原则中心性的同时增加了三个维度。这三个维度涉及对学习环境的界定和组织,使其成为强有力的、创新的学习环境,并把原则付诸实践。这样强有力的学习环境:

(1) 创新教学核心。创新核心元素(学生、教育者、内容和学习资源)和联系这些元素的动力(教学和形成性评价,时间的使用,教育者和学生的组织形式)。

(2) 成为具备有力学习领导力的"形成性的组织"。具备眼界、策略和设计力,所有的这些都需要自我检查和有关学习的证据的启示。

(3) 向合作者开放。与家庭、共同体、高等教育、文化机构、商业,特别是其他学校和学习环境一起创造协同效应,强化专业、社交和文化能力。

因此,"7+3"框架是基于对学习的研究,以及对提交给 OECD/ILE 项目的创新案例的分析的。贯穿这一框架的是学习原则。这些原则涌现于 OECD/ILE 项目对学习进行文献综述的过程中。

实施 ILE 框架的条件和政策

仔细阅读 ILE 框架中十个不同的元素就会发现,这一框架为与其相一致的变革提供了方向。在合适的情境下,与其他政策和条件相协调时,这一框架也确实会积极地促进变革。本章对这一框架进行了初步阐述。在本书后面的章节(第四章和第五章)中,将结合具体策略和举措的经验,阐述合适的中观层面和元层面的变革。

降低标准化程度,促进创新,拓宽机构体系

在公认的教育和学习的普遍目标的启示下,学习系统需要减低标准化的程度。所有的教育机构和组织都要使用"成功"这一高要求的概念,重点聚焦在促进学习上。这些学习是活动,是投入程度,是好的成就。教育政策的制定需要尽可能地长期,且保护[①]

[①] 保护,原文 protective。根据后半句的内容,此处作者应该是强调教育政策尽可能不要抛弃、推翻已经获得的成绩,而是要在已有成绩的基础上继续往前。——译者注

已取得的成绩,而非根据短期的需求经常变动。

学校和系统政策都需要确保机构的运作和管理不是最终目标,而是要一直持续地将学生的学习视为己任与目标。标准规则和统一流程不该妨碍教与学核心中的创造性解答和创新。至少要调整管理上的约束,让合作者、专家和志愿者参与到教学核心的活动中。

通过服务式学习(service learning)、线上或社区中多样的非正式学习机会,拓宽机构体系,使其不仅仅包含学校。使正式和非正式项目混合的建立成为创建有活力的学习系统的一部分。这样做并不是扩大官方的管理控制范围,而是为学习者提供更多的高质量机会,拓展专业水准、领导力和质量保障。

还需要增加专业的教育提供者。今后很可能会涌现出各种各样的学校,每一种学校都有自己的特点和课程关注点。

适合 21 世纪学习的问责和评价制度

面向创新学习需要课程和评价政策的强大引领力。问责系统需要覆盖全面的学习目标、方法和度量尺度。"促进一致性"必须成为固定不变的目标,以防止相互对抗、自我否定的政策策略和消息的出现。当学校需要成为创新的中枢时,要避免学校因问责和评价制度而极度不愿意承担风险。

不论是系统的学习环境还是个人的学习环境,评价都应当服务于深度学习和促进21 世纪的能力,同时密切关注社交和情绪技能。评价的方法,包括使用的指标都需要更新进步。路线图和用户导引则可以帮助人们获取、理解丰富的问责信息。

提升学习领导力,促进信任,提高学习者代表性

领导力是非常重要的。这意味着学习领导力需要具备关于教与学本质的知识基础,预备好开展创新并承担可估算的风险。这还意味着要具备带领教职工、家长和共同体向着长期的变革迈进的能力。变革的凸显,教室、学校和共同体之间壁垒的打破都会让组织环境变得复杂。领导力要能够管理这样复杂的组织环境。学习领导们需要自主发展并保持以上这些能力。

政策框架对流行的假设有着高度的影响力。他们需要抛弃"唯一英雄"的领导力范式，并意识到领导力分散、共享的本质。官方需要普遍接受一个观点，那就是学习者值得，也能够成为自己所处的教育组织、与自己相关的决策制定中主动的一份子。这要求在学习者、学习者的家人和社区主动参与的环境中，有高度互相信任的氛围。

新的领导力和政府规划必须加强对复杂学习系统的认识，并通过建立学校与校外团体的联系，最优化学校的潜在机会。与合作者、正式学校系统外的网络之间的强大联系对领导力提出了更高的要求。政策需要鼓励案例的分享，并为当前学习系统的这些复杂特征提供资助。

普遍的专业协作

ILE的框架要求专业协作，强调通过和一系列人员的合作强化学习。创新学习环境、融入专业人员的协作，这两者都是增加教学工作吸引力的最有效途径。教师专业团体、联盟和协会能够有助于这样的专业协作的提升。

这需要教育文化、实践和学习空间具有一定的弹性，也需要有协调不同教学方法、混合小组和个性化学习的能力。需要有能够促进学习者参与度的专业知识，也需要有能联系不同学科、校内校外学习的专业知识，还需要有能将具体的学习任务和更宽泛的概念与问题联系起来的专业知识，更要能以协作的方式开展以上所有的工作。这对于教师的教学知识有着极其深远的影响。

通过将教师体制外的人员吸纳进来，我们可以扩大教育者的群体。这么做能够促进专业知识和经验之间的联系。同时，这么做也将教师、学校领导所扮演的领导力和管理角色放到了更加复杂机构组织的首要位置。

广泛的专业学习

除了充分的设计策略、评估思维、让整个学习环境参与其中外，我们需要通过学习建立起专业的、创新的、组织化的能力，以实现ILE的学习策略。

在不断使用学习方面的证据,建立分散式领导①能力的过程中,学习是非常关键的。这需要广泛的领导力发展机会。同样的,评价和评估思维的培养也需要有这样广泛的专业发展机会。这些机会可能蕴含于协作和网络互联中,或者围绕领导力项目进行专门的设计,并邀请专业人员的加入。

问责系统需要以内部或外部的方式,认识并激励专业协作和交流。教育者们所处的现实环境和虚拟环境应该成为传递专业交流与对话的主要阵地。政策则可以促进以学习者为中心的网络、学习共同体的建立。

数字设施的互联和规模化

数字设施能够巩固教与学活动、教学涉及的大量基础知识和课程。在投资、合作建设这些必须的数字设施的过程中,政策有着其明确的职责。通过数字技术将学习环境联系到一起是一件影响深远的事。这些学习环境可以在线访问,因此可以为各种潜在参与者提供途径。同时,这些参与者也能通过网络和社交媒体进行便捷的远程交流。

兴起互联与合作的文化

不同层面之间的垂直联系是学习系统的常见特征。在同一层面中,水平联系也需要成为学习系统的常见特征。教育管理机构自身就可能非常积极地建立网络、连接不同的实践共同体。

如果学校有着非常坚实的壁垒,划清学校内部和学校外部多样的团体和利益人(尤其是共同体、家庭,以及其他的学习系统)之间的界限,那么通过合作拓展学习系统的能力是几乎不可能的。打破这样的壁垒不仅需要让家长、共同体更接近学校,也需要让学校和学校教育更接近共同体。

联系这么多潜在的合作者需要对这些合作者、学校和学习机构的信息进行良好的组织。通过这些信息,不同的合作者、学校、学习机构能够找到对方并开展合作。有时

---

① 分散式领导力,原文 distributed leadership,和集中的领导力相对,指领导力不再只集中在少部分教育管理者身上,而是由教育管理者、教师、学生、其他教育者等多类人群共同承担,与共享的领导力含义接近。——译者注

也需要一些牵线者，尤其是在一些特定的主题或特定的网络中。

强大的知识系统和评估文化

极其大量的评估和评价信息的产生、复杂的系统和联系都需要极其强大的知识系统。高性能的知识分享设施和网络能够帮助人们访问范例、评估信息、其他实践以及其他实践者的想法。这样，每一个领导团队、学习共同体就不需要自己从头开始设计学习策略。研究的结果也需要以简要易读、容易访问的方式，为实践者提供帮助。

这些分享与访问不只是用在微观的环境层面，也能在中观和宏观层面被不断地访问和使用。与评价项目相关的资源的分享可以超越国界。

如果没有人会充分应用这些知识，并对评估得出的信息谨慎解读，这样强大的知识系统只会是一种累赘的"信息银行"。因此我们需要形成专业诊断和评估的文化。这既需要我们建设专业能力，也需要我们持之以恒地应用专业能力，还需要我们将这些只被少数专家掌握的知识"普及"到更多的人。

ILE框架被广泛应用的表现

在分析了能够促进改革向着ILE框架发展的条件和政策后，在本部分中，我们列举了让这些政策起作用，ILE"7+3"框架中每个元素都被广泛应用的一系列表现。这些元素包括7条学习原则和3个创新维度。在每一项具体的表现中，测量并呈明发展情况的不同方法能够为目前已有的教育指标提供很好的补充。

学习原则一

学习环境认识到学习者是核心参与者，鼓励他们主动地投入，并让他们作为一名学习者，形成对自己能力的理解。

学校文化、领导力、教师和地方社区必须主动聚焦学习者和学习；对"积极的、优异的成就"的界定是由学习者的投入程度，获得知识、技能、积极态度的程度决定的。所提供的课程应该是和年轻人相关的，吸引他们的。在课程的界定中，年轻人也扮演着重要的角色。需要将学习者的投入看成是一项目标。如果学习者不投入,不但学习活动的成功会受到质疑,学习者的终生学习的习惯也没有得到养成和强化。学习者需要明白自己是一名学习者,并且善于自我调节。这需要大量的专业知识,既关注到个性化,也关注到对学习本质的理解。

学习原则一被广泛应用的表现

以学习为中心:学习、学习者的投入程度、高成就是整个系统和所有利益相关者(尤其是教育者)最优先考虑的。可以针对专业发展的决策制定、不同学校和学习环境的组织策略,开展观察和调查。

教育者是富有知识的、合作的:教师富有关于儿童和年轻人学习本质、促进动机和投入的因素的知识。他们积极参与讨论,并合作设计策略,以满足个别学生或个别学生群体的需求。

学习者的积极投入:学习者明白自己是学习者,能够自我调节并表现出高度的投入度、高水平的动机和韧性。他们善于设定目标、开展学习活动,并且是学习领导力的重要组成部分。

愿景清晰:学习环境所涉及的所有人都能说出所发生的学习的本质和活动。可以通过查看相关研究、询问一些相关人员(包括年轻人自己)进行考察。

质量保障:检查和质量保障系统包含一些指标,判断学习者的投入程度,学习者作为学习环境共同设计者的责任。

学习原则二

学习环境建立的基础是学习的社交性本质,并积极促进组织良好的合作学习。

这一原则与分割式的教育组织形式相对。在分割式的教育组织形式中,每一个班级、每一个工作坊、每一个教师和教育者、每一个学生和学习者之间有着清晰的界限。因此,这一原则可消除学校、共同体之间,以及范围更广的相关人之间的界限,甚至是全球范围内的相关人之间的界限。这也是持续学习的起点,将学习共同体中的成员(教师、家庭、学习者、网络和其他合作者)通过合作的方式组织起来。这需要组织良好的合作方式。这些合作方式能够真正促进学习、积极推动团队合作、合作问题解决所需的21世纪技能。

　　学习原则二被广泛应用的表现

　　丰富的社团活动：学校和课堂是"热热闹闹"的,学习者、教育者都忙着各种各样的社团活动。

　　灵活的学习场地：学习空间、建筑的布局、座位的摆放和外观是灵活的,便于团队合作。除了传统的教室以外,到处是多样化的学习场地,包括不同形式的社区学习。

　　促进社区学习：不同形式的社区学习得到了鼓励并真实发生。这些社区学习通过将学龄儿童和中小学生联系起来等方式得以实现。

　　社交媒体的广泛使用：社交媒体和ICT的广泛使用,使不同学习项目、学习者和教育者之间的交流频繁。

　　教学法富含社交性：探究、问题解决、基于项目的教学法被广泛使用,且时常应用在跨学科领域的学习中。

学习原则三

　　学习环境中的学习专家高度理解学习者的动机、在学业成就中举足轻重的情绪。

　　政策讨论和对话不应再把情绪看作是"软的",比起"硬"的认知发展结果不那么重要的。促进积极的情绪、减少消极情绪是有效学习的重要组成部分。这关乎效能的提升,而不是对学生"友善",让学习有趣或是容易。认识到动机的重要性也意味着重视可以激发年轻人学习动机的方式。这些方法会包括充分应用技术、同伴学习、非正式的社区学习。在任何系统中,学习领导们所做的努力需要特别关注学习动机的促进(既可以是通过学生促进学习动机,也可以是通过教师促进学习动机)。

　　学习原则三被广泛应用的表现

　　理解情绪：教育者、学习者和学习共同体中的其他人能够清楚指出学习者的情绪如何,并且做出应对。从教育对话中可以看出,人们理解情绪、动机在学习成功中的中心位置。

　　对每一个学习者提出积极的挑战：教育者对教学有着深刻的理解和专长,知道如何挑战年轻人同时又不嘲弄或打击他们。他们通过精妙的设计,提高学生的情绪敏感性、对高成就和自我效能的意识。形成性评价被广泛使用。

投入度低的现象较为少见：从年轻人，尤其是读中学的年轻人的行为和态度可以看出，学习者投入度低的现象较为少见。可以通过查看"高风险"学习者的低辍学率、投入度进行考察。

激发动机的方法：能够激发年轻人动机的方法被广泛使用。其中包括技术富集的学与教，社区中非正式的、服务式的学习。

学习原则四

学习环境对个体差异（包括每个学生的前知识）高度敏感。

课程的设计能够为不同学生的需求提供多样的选择。开展这些课程的学习环境为所有学生的个性化发展提供机会。因此，比任何具体设计工作都重要的是，和情境相适应的课程政策应该认识到，学生个体的差异会影响学习的成功，"没有一个尺寸适合所有人"。最主要的原因是教与学需要是精确的，以调整学生的前知识。教育者、利益相关者和领导需要对学习的差异保持敏感，通常需要具备评价学习差异的专业技能，并以评价结果为证据制定、设计决策。

学习原则四被广泛应用的表现

丰富多样的、混合的教学法：实践中有大量多样的、混合的教学法。例如共享的全班或跨班级学习活动；针对具体学习者的小组或个人学习活动；面对面的、虚拟的、混合式的学习；在校内的学习和在社区中的学习。

协作式的领导力：在学习领导力过程中，团体的工作显而易见。这些工作涉及学习共同体中的其他教育者和成员。这既适用于系统层面的领导力，也适用于学习环境层面的领导力。

形成性评价应用广泛且深入：由于学习环境对每一个学生的前知识高度敏感，并让教与学对每一位学习者都有效（在任何一个场合都有效，且越来越有效），形成性评价的影响非常深远。

学习者有发言权：随着学习变得更加个性化，学习者代表、学习者的声音也更突出。学习者自身的主动角色也变得更有力。

个性化学习的提供：学习环境的组织在教育提供者、时间的运用方面高度灵活。学习者和教育者之间的组合也高度灵活，以反映出个体的差异。

学习原则五

学习环境设计需要经过努力才能完成的、有挑战的项目，但不使学习者的负荷过重。

这一策略是区分个体差异、提供个性化的能力的前提条件，也和学习者中心、投入度、动机一致。学校系统的整个文化、教师、家长都对学习者有高期望，拒绝平庸。高期望对有效学习很重要，但锻炼所有学习者的学习策略与经验也同样重要。然而，过度负载是副作用。学习不应该被看作是用信息、事实和知识"填满"年轻人，而是促进年轻人的理解，以及创造性地使用信息、事实和知识解决新问题的能力。让学习者离开自己的"舒适区"需要慢慢引导他们在逆境中建立起忍耐与毅力。如果有合作，这样的引导也会更顺利一些。

学习原则五被广泛应用的表现

成长性思维：政策和政府安排的特征是成长性思维[1]，而不是固定性思维。同样的，这也是学习者自己、教师和家长的特征。

高期望：整个系统都包容失败。以排名和选拔学习者为主要目标的项目也是如此。没有收留、安置被认为是"失败者"的学生的没有前途（dead-end）的项目。

包含挑战：项目需要每个学习者付出努力。教学法也与发展所有学生的全面智力和兴趣一致。

个性化的证据：证据显示，教育者、更广泛的学习共同体设计并锻炼所有学习者的方式是非常个性化的。

学习原则六

学习环境的预期非常清晰，并使用和这些预期相一致的评价策略。学习环境也非

---

[1] 成长性思维，原文 growth mind-sets，与 fix mind-sets 相对。这是来自心理学领域的理论。抱有成长性思维的人通常认为自己的智力水平，或者通俗的讲聪明程度是可以通过自身的努力得以改善的。而抱有固定性思维的人认为不管个人付出多少的努力，智力水平或聪明程度都不会有多大改善。——译者注

常重视形成性反馈对学习的支持作用。

学习环境需要非常明晰要实现什么样的学习目标，以及什么样的证据表明这一目标得以实现。同时，这一期望也是学习者、教育者、学习共同体中的所有其他成员所共知并理解的。评价策略需要与需求相一致，并服务于这一期望的实现。所以，评价是服务于学习的，而不是与学习"为敌"的。对于任何一种层面的学习环境而言都是如此。因此，不论是学习系统还是学习环境，都越来越重视形成性评价，在关键时使用丰富的学习证据，并创建更高要求的学习和教学环境。

学习原则六被广泛应用的表现

期望清晰：在不同的学习环境中，教育者、学习者、家长、问责系统和政府都能够清楚地说出学习的期望是什么。

自我评价的文化：自我评价、基于证据的学习领导力逐渐成为学习系统的一个突出方面。

深度学习：对于"什么是可接受的评价"的认识有根本的转变。评价不应该只给出简单的"通过"和"没通过"、"答对"和"答错"这样的信息，而应评价学生的深度学习、21世纪能力、投入程度、终身学习的基础[①]等。

期望被广泛共享：期望很清晰，是通过协商建构起来的，并且通过强有力的分散式学习领导力，共享给更多的人。学习环境层面有这样的共享，中观和元层面也有这样的共享。清晰的、共享的、高要求的学习期望是机会公平的有机组成部分，也是教师职业的凝聚力。

新的评价量规：很多新的评价量规被开发出来，并被广泛用于提供有关学习的证据，指导决策的制定。这需要其他的，不局限于教育系统本身的专家。

学习原则七

学习环境大力促进不同知识体系之间、不同学科领域之间、共同体和外部世界之间的"水平联系"。

---

① 基础，原文fundations，指学习者有基础（如能力等）进行终身学习。——译者注

在个性化的前提下，学生所处的世界与知识之间的强有力联系可以启发、解释这个世界。促进水平联系在一定程度上是为学习者提供更大的框架和知识结构，好让个性化的学习片段变得更有意义，也让深度学习成为可能。跨领域是首要的。教育还需要在联系学习与地方经历、家庭，在全球化进程日益快速的世界中联系其他"社会"之间找到平衡点。原则七要求教育在这两个方面都取得成功。

学习原则七被广泛应用的表现

知识发展：大量的证据表明，大量的工作围绕核心概念整合跨领域知识，并开发相应的学习材料和教学法。大量研究和开发工作围绕教学专长、整合内容知识展开。并且不仅仅只有大学学者开展这些研究和工作。

创新评价：如果领导者、教育者、学习者、专家、教师教育者、其他各类利益相关者被激励包容大量的水平联系，那么新的评价量规和要求将是开发工作的重要领域。

复杂的组织形式：接受多种建立联系的途径会让组织结构变得更加复杂，不再只是依赖于单一的学校结构。技术被广泛地改编（adapted）和使用（used）。

第一维度：创新教学核心

如果教育实践向着创新教学核心发生了极大的转变，那么这一转变的具体表现性指标的开发可以围绕以下两个方面展开。其一是学习者、教育者、内容、资源四个核心元素，以及它们彼此之间的互动。其二是教学法、教育者的合作方式、学习者的合作方式、时间的使用这四个核心的动态系统。指标系统要尝试尽可能地覆盖不同的教与学实践、模型，而不是以"创新"的定义为参照。这些实践和模型均体现出有意避免单个教师-整个班级的模型、教师站在最前面开展教学、标准的课堂时间的特征。创新教学核心意味着有不同的教育者、使用信息技术、实施专注于21世纪技能的课程、可持续、跨学科。

第一维度被广泛应用的表现

学习者多样化：学习环境能让因地理位置、年龄层次等原因而彼此分隔的学习者来到一起，也能让年长者、家长等其他学习者，脱离学校、辍学或有特别需求的特殊学习者参与进来。

教育者多样化：更多人成为教育者。除了传统的教师队伍，大量教育者、专家、志愿者也参与到学校教育中（包括家长、同伴、大学研究者、共同体和产业专家等）。

创新内容：基于项目的、探究式的，以发展21世纪技能为目标的工作成为普遍的实践。大量工作致力于围绕关键概念整合跨领域的知识，并开发相应的学习材料和教学方法。丰富的研究和开发工作围绕专业教学技能、整合内容知识展开。

创新资源的使用：社交媒体和ICT被广泛使用。学习者参与到研究中，并围绕学习项目进行频繁的交流。教学、学习和教学法常常是"技术富集"的。学习在任何时间、各样的现实和虚拟场景中发生。社区资源（类似博物馆、图书馆、剧院、体育中心、社区中心）被广泛应用于教学、学习的促进上。

创新教学法：在整个系统范围内，教学法实践丰富多样、交织混合。这些教学法包括全班教学、小组和个人学习、面对面教学、虚拟教学、混合教学、基于学校的教学、基于社区的教学。个性化的方法、形成性的评价作为积极的教学法随处可见。

强有力的联系与协作：教育者时常彼此联系，时常与学习者、其他同伴、其他网络联系，尤其是通过"技术富集"的学习共同体建立这样的联系。

灵活应用时间：学习时间主要花费在不同规模且教育者不同的小组中，学校内外的在线学习和非正式学习中。灵活的学习时间能够让每个学习者有个性化的时间表，也能促进深度学习的发生。

第二维度：学习领导力和形成性评价周期

领导力对于系统各个层面的改革和创新而言十分重要。领导力的主要职责是建立起有利于有效学习的环境，并维持这样的环境。领导力主要表现为强烈的愿景以及相应的策略。这些策略通过共享的、协作的活动，高度聚焦于学习。在设计和实施过程中，教师的参与和专业化学习是关键点。学习者需要被摆到优先且有影响力的位置。形成性反馈需要被整合到每个班级，也需要渗透到整个组织，使其发挥"形成性"的作用。也就是说，有关所发生的学习的丰富信息不断地反馈到不同的利益相关者，不断地应用到学习和进一步创新策略的调整中。这意味着健全的自我评价流程，并持续分享有关学习的知识。

第二维度被广泛应用的表现

学习是中心：系统各个层面的领导力都将学习放在决策制定和策略的中心。

领导者的组成丰富：聚焦学习与设计，决策的制定是分散共享的，专业团体、学习者、其他利益相关者（包括基金会）都参与到领导者队伍中。

"信息富集"的系统：信息系统精致且高度开发。个性化的报告被生成并广泛应用，让所有参与到教学、策略和学习环境设计的人都能够获取有关每一位学习者能力和成就的信息。

使用学习证据和评价：评估思维和自我检查、花费大量的时间使用评价证据形成性地指导策略的设计是主导文化，也是具体的实践。学习共同体可以提供在任何时间段中学习的现状如何的信息，也可以呈现学习在近期是如何变化的。

新的评估和评价量规：丰富的新评价量规被开发出来并广泛使用。这些量规反映出学习环境的目标和更大系统的标准，包含掌握、理解、迁移和应用知识的能力、好奇、创造性、团队合作和坚韧性。评价突破传统的学校场景范围。质量保障体系（如视察）能够了解学习者投入的成功案例、学习者的声音。

增强的中观层面架构：在不同的地区、网络、链和实践共同体之间有着普遍互联的领导力架构，不论这些地区、网络、链和实践共同体是自发建立的，还是通过一些策略和网络建立起来的。

第三维度：拓展能力和视野的合作关系

当代的学习环境需要合作者之间建立强大的联系，以拓展边界、资源和学习场地。这样的拓展包括作为主动合作者的父母和家人、参与到教育过程中的利益相关者和人员、当地社区团体、公司、文化机构、高等教育、网络中的其他学校和学习环境。通信技术和社交媒体为这些合作的发展提供了有力的沟通途径，为父母、学习者、教师的交流、协作、分享和信息获取提供了平台。建立广大的合作能够帮助克服局限性，以获取专业技能、有知识的合作者，产生协同增效效应。这也和学习原则七"促进水平联系"相关，不论是在教育领域还是其他领域。

第三维度被广泛应用的表现

随处可见合作者：合作者积极地融入到学习环境中。在教学与学习、专业发展、评价和领导中都有他们的身影。合作者与学习者有着直接的联系，并且是教学核心和形成性学习领导力的重要组成部分，而不是置身事外，仅仅提供资助和支持。

密集的中观层面活动：拓展与合作者（包括与其他学习环境中的合作者）的协作，意味着有大量跨地区、网络、链和实践共同体的中观层面，不论这些地区、网络、链和实践共同体是自发建立的还是通过一些策略或网络建立的。

全球联系：在全球化的世界中，与其他学习环境、不同利益相关者之间的合作关系经常是跨越国界的。

主要结论

为了让 ILE 框架产生普遍的影响，必须要将其应用到不同的学校和学习共同体中。本章主要回答了两个问题。第一，这些综合的设计原则要成为学习系统的普遍特征，需要什么样的外部政策和条件？第二，我们希望看到哪些表现，反映出这一框架及其特征已经是普遍现象？

能够促进 ILE 框架的有利条件和政策可以总结为如下八条：
- 降低标准化程度，促进创新，拓宽机构体系
- 适合 21 世纪学习的问责和评价制度
- 提升学习领导力，促进信任，提高学习者代表性
- 普遍的专业协作
- 广泛的专业学习
- 数字设施的互联和规模化
- 兴起互联与合作的文化
- 强大的知识系统和评估文化

很多能够反映"7＋3"框架中一个元素的表现也能反映框架中的其他元素。一套精炼的指标可以将其进行更概要的归纳，并且可以开发工具进行实际测量，以反映社

会是否正向着普遍应用这一框架的方向前进。这也可以帮助系统将这一套指标和已有的统计数据、指标进行比较，并解决对每个指标进行精准测量所面临的方法论上的挑战。

- **高水平的学习活动和动机**：学习者的投入度和坚韧性可测量且水平很高。学校和教室因为社团活动和学习而变得"热热闹闹"。年轻人在除了传统教室以外的各种各样的场所中学习（包括各样的社区学习）的时间是可以具体呈现的。
- **凸显学习者代表，让学习者"发声"**：随着学习越来越个性化，学习者的主动角色也越来越明显。学习者积极参与到贯穿系统的学习领导力团队中。
- **教育者主动讨论学习策略并开展协作**：指标显示，教师和其他教育者怎样乐意参与有关普适的、个性化的学习策略的专业讨论。有关教师实践的指标显示教师乐意参与到学习领导力、创新、专业协作（包括团队教学）中。
- **教育者在学习方面知识渊博**：有关教师知识的指标显示，教师普遍熟悉 ILE 的学习原则，并且熟悉大量可以将这些原则付诸现实的教学策略。
- **混合的、个性化的教学实践**：在系统范围内，有丰富的混合且多样的教学实践。随处可见个性化的方式、形成性评价和主动教学法。
- **跨领域，课程开发与新的学习材料**：大量工作围绕核心概念和学习内容，整合知识、材料和教学法。大量研究和开发工作（R&D）围绕教学专业技能、整合内容知识开展，在不同的系统中被分享，且不只是在大学中开展。
- **普遍创新使用数字资源和社交媒体**：社交媒体和 ICT 的使用非常普及。学习者参与到研究中，并围绕学习项目进行频繁的交流。教育者彼此联系，与学习者联系，与其他合作者、网络联系。教学、学习和教学法常常是（但并不总是）"技术富集"的。
- **使用有关学习的证据和评价的文化**：评价思维和自我检查、使用评价证据形成性地指导策略的设计是主流文化和实践。大量的时间被花费在这些工作上。学习环境的参与者们普遍了解所处环境中任何时间点的学习现状，以及最近学习发生了怎样的变化。
- **健全的信息系统，个性化档案**：高度发达且被广泛获取。细致的学习者档案和学习轨迹在合适的隐私保护下,可以被设计教学、策略和学习环境的人方便地获取到。
- **新的评价和评价量规**:大量新的评价量规被广泛使用。这些量规围绕21世纪能力,反映出学习环境的目标,以及更大范围系统的标准。评价不仅仅在传统的学校中开展,质量保障也认可学习者的参与和声音。
- **随处可见各样的合作者**:各项表现性指标显示合作者非常多样。这些合作者都积极参与到教学核心和学习领导力中。决策的制定过程是共享的,涉及专业团体、学习者和其他利益相关者(包括各类基金)。
- **蒸蒸日上、充满生机的中观层面**:合作者(包括其他学习环境)的高度协作和参与使得强大的中观层面得以出现。这一层面包括正式和非正式的学习,跨地区、网络、链和实践共同体。
- **密集的全球联系**:在全球化的世界中,突破系统边界和其他学习环境、不同利益相关者合作是一个常态。

参考文献

Cerna, L. (2014), "Trust: What it is and why it matters for governance and education", *OECD Education Working Papers*, No. 108, OECD Publishing, Paris, http://dx.doi.org/10.1787/5jxswcg0t6wl-en.

Dumont, H., D. Istance, and F. Benavides (eds) (2010), *The Nature of Learning: Using Research to Inspire Practice*, Educational Research and Innovation, OECD Publishing, Paris, http://dx.doi.org/10.1787/9789264086487-en.

OECD (2013), *Innovative Learning Environments*, Educational Research and Innovation, OECD Publishing, Paris, http://dx.doi.org/10.1787/9789264203488-en.

第三章　有助于推广创新学习环境的策略

本章概览了ILE研究"实施和变革"分支所收集的策略和举措。总计有26个参与的系统(包括国家、省份、基金和网络)向我们提交了这些有前景的变革策略案例。本章依次简单介绍了这些案例,总结出这些案例背后的线索并将其归纳为一系列的Cs。这些Cs包括文化变革(Culture change),比表层变革更重要也更难实现;明晰焦点(Clarifying focus),想要一次完成所有的事情会中断推广,并冲淡创新的作用;能力建设-知识和专业学习(Capacity creation-knowledge and professional learning),包括知识(包含研究)、专业学习,以及在这些知识和学习基础上实践的能力;合作与协作(Collaboration and co-operation),很多策略都要求专业协作,就像很多网络和专业学习共同体也要求协作一样;通信技术和平台(Communication technologies and platforms)是专业实践和变革策略不可或缺的一部分;变革中介人(Change agents),例如具体的专家为变革提供支持、专业知识和影响。

本书接下来的三章重点讲述ILE项目收集到的策略和举措。本章提供了一个概览,并总结了这些策略和举措背后的共同思路。当然,这些只是在全球范围内,可能被使用的策略和举措中的一小部分。这些策略和举措由主动参与OECD/ILE工作的系统选择并提交。这些系统也具有参与这项国际研究的知识、方法和意愿。这些被提及的策略和举措并没有什么特别的功效。总之,任何一条策略高度依赖于所处的环境,以及每个场景独特的社会和政治氛围。这些策略能否说自己是"全球最佳实践"是要打个问号的。相反的,它们提供的是富有吸引力的案例集,让我们从中了解在全球的不同系统中,推广和维系创新学习的一系列策略。

本章总结了不同策略和举措背后的相同点。这些相同点可以概括为一系列的Cs：创新(creation)、情境(context)、复杂性(complexity)、交流(communication)、共同体(communities)、合作(collaboration)、能力(capacities)、条件和氛围(conditions and climates)①。这些特征并不是放到一起成为一张"成功配方",而是对不同国家应用的策略和举措的提炼总结。在本章的基础上,接下来的两章首先从中观层面(第四章),随后从更大的元层面(第五章)更深入地分析了创新的本质、21世纪学习系统的应用和变革。

为国际研究收集有效的策略和举措

在邀请全球的各个系统参与到 ILE 研究的这个分支时,我们请他们以普通条款(common protocols)的方式分享案例。这些条款阐述了推广和保持创新学习的有效方法。ILE 研究的"创新案例"分支关注具体的学习环境,而在"实施和变革"这个最终分支中,视角从单个的案例拓展到了必须在多个,甚至是大量不同场景中出现的变革策略。我们强调这样的案例需要经过一定时间的检验,才能给出应用的证据,而不是还在计划和展望阶段的举措。

和 ILE 项目的其他部分一样,本研究分支关注针对儿童和青年人(3—19 岁,或者是其中的任意年龄段)的学习安排(Dumont, Istance and Benavides, 2010; OECD 2013a; OECD, 2013b)。这些安排可能涉及很多不同的方法(很多时候这些方法是组合在一起使用的)。比如,直接推动创新、奖励机制、建立网络、知识管理、领导力策略以及其他的专业发展能力建设、建立新的专业知识和变革管理方式、广泛推动适合创新学习氛围的营造。这些安排还针对学习环境中单个或多个元素的变革。例如具体

---

① 在新的 OECD 教育政策旗舰著作的第一版总结过这些特征[OECD, 2015]。

的学习小组、学习专家、学习内容、素材设备和技术,以及组织和评价这些元素的不同方法。我们也清楚地表明,我们想要的不是课程、组织结构、学校管理和治理的普通改革。这些改革从一开始就没有以创新学习环境为目标,也没有将其放在首要的位置。

收集这些策略和举措是为了从已有的经验和方法中学习,并使用这些例子启发 ILE 研究构建更宽泛的框架。ILE 研究的引领性目标就是构建框架。我们希望这一框架能够比易变的举措细节留存得更久(在本报告即将付印的时候,一些举措可能已经消失了)。不过,密切关注策略和系统本身,与各个系统直接工作也是我们的目的之一。因此,这项研究更多的是研究和开发(R&D),而不是纯研究。它也确实更适合被看作是开发和研究(D&R),因为它是由实践引领的,而非其他(Bentley and Gillinson, 2007)。

上交给 ILE 的策略和举措

澳大利亚(南澳大利亚):南澳大利亚的教育和儿童发展部(The Department for Education and Child Development,DECD)力图建立创新动力。他们使用的策略包括会议、建立网站和时事通讯传播创新实践、开展研究并从最创新的学校中建立实践共同体。在 2011 年末,他们开发了一个研究和创新的框架,创新也成了部门策略计划的一部分。他们的关注点聚焦于公平、卓越和可持续、鉴别和扩大创新、为创新建立系统的指示。

澳大利亚(维多利亚):西部大都市地区的变革是一项系统化的干预策略。这一变革被设计用于激励一系列努力,以提高成就。他们的关注点主要聚焦于先改善读写和算数能力,然后扩展到课程的其他领域。经过地方和所有学校共同设计、相互承诺的过程,整个系统得到改进。

奥地利:"新中等学校"(New Secondary School,NMS)改革的理论依据是改革必须发生在学校中才能产生效果,必须被广泛地应用才能被系统化。他们通过变革中介人开展工作。这些中介人需要被组织成网络,并像实践共同体那样运转。NMS 始于 2008 年,有 67 所试点学校。从那时起,这项改革就是必须实行的。经过一系列的阶段,这项工作于 2018 年完成。该项目致力于促进创新学习环境和公平。每一个 NMS 都指定一位教职工为"LernDesigner"①。在奥地利,学校都是扁平化管理,直到现在都具有"自主-平等"模式的优势。在这样的国家里,指定"LernDesigner"是一项意义非凡的系统干预。

比利时(法语社区):2014 年,300 所学校和该系统中大约一半的心理-医学-社交(psycho-medico-social)中心(75 个)参加了 *Décolâge*!。该项目旨在降低低年级的留级率。这也是强化在更大范围内,与教学实践、低成就相关的变革的战略重点。这需要创新和可靠的可用实践。这也进一步意味着,需要联系并动员相关的所有专业人员和成年人。因为这些实践的鉴别和应用需要这些人。

加拿大(亚伯达省):加拿大落基山脉公立学校学区和 OECD/ILE 于 2011 年,在英国班芙共同举办了国际会议,共同推动他们的"鼓励人心,启发思维"举措。这一举措以咨询为中心,确立共同体价值观、教育趋势和变革的主要力量。这项工作以建立联系、打破人为界限为基础,并浮现出两个主要的主题:(1)完整的儿童(智力、情绪、社交、身体和精神发展);(2)在共同体中,学校是学习和发展的中心。

加拿大(英属哥伦比亚):特色举措是三个"学校对学校"的网络:基于成就的学校网络(Network of Performance Based Schools,NPBS)、原住民强化学校网络(Aboriginal Enhancement Schools Network,AESN)、健康学校网络(Healthy Schools Network,HSN)。这三个网络以串联的方式与一个研究生项目合作,促进学习领导力和创新(创新教育领导力资格证)。学习领导力的发展深深地扎根于探究循环中,并着重使用 ILE 的学习原则。

智利:智利的举措是一系列服务于创新学习的项目和奖项。其中,项目包括 Enlaces 项目、为了深度学习的创新教学项目、UAI 创新和学习中心、智利各式各样的基金会。网络包括创新教师网(Network of Innovative Teachers)、地方网络 Innovemos、微软教育联盟、一流学校网络。奖项包括西班牙电信公司基金会的教育创新奖(Telefonica Foundation Award for Educational Innovation)、伊比利美洲的教育创新奖

---

① LernDesigner 就是前文所指的变革中介人。——译者注

(Ibero-American award to Educational Innovation)、"课堂中的创新整合技术"竞赛（competition "I innovate in class, integrating technologies"）。

芬兰："行动中的学校"是一项国家行动策略，旨在在综合中学中营造锻炼身体的氛围。2010 到 2012 年的试点研究结束后，在身体活动和儿童学习、良好发展之间关系的新数据和分析的支持下，这项策略在全国范围内开展。

前南斯拉夫马其顿共和国（UNICEF）：早期算数和读写能力教师教育项目以解决学生成就低下为目标。这一项目通过变革教师的实践，从下至上进行能力建设，激发长期的系统变革。同时，通过不同的专业发展模型、在新项目中训练所有的教师、为这些专业发展配备指导者的支持，从上至下的变革也将发生。这一举措在教师培训领域中得以应用，并从 2009 年起开始构建教师专业发展和支持的模型。

法国：RESPIRE 的目标是为教育者分享知识、时间、问题和资源，增强专业性提供平台。该举措通过教育部的研发部门，将设计和管理进行整合，并由一家地方教育知识中心提供技术支持。这项工作包含不断更新有关创新的知识库（编辑和更新的创新资源已超过 2500 个），并为实践共同体、专业学习共同体提供支持。通过分享知识和经验、实验与举措、项目和最佳实践，RESPIRE 在实践者之间促进了知识的交流。

德国（巴登-符腾堡州）：在正式的教育系统高中，乡镇公学（Gemeinschaftsschule）是一类新的学校。2012、2013 年，有 42 所这样的学校被建立，2013 和 2014 年中又有另 87 所被建立起来。这些学校的原则包括：高度强调公平和合作学习；教师将自己看作是自身领域的专家，并擅长发现学生的需要、技能和知识，是学习的促进者；学校为学习提供全天可用的结构化空间。这种办学理念和早期的学校模型不同，被认为对课程和教师教育有着深远的影响。

德国（图林根州）："发展全纳和创新的学习环境"（Development of Inclusive and Innovative Learning Environments）是图林根州教育部科学与文化（TMBWK）的一项举措。这项举措植根于"为了可持续发展的教育"（Education for Sustainable Development）的策略框架中。其中的一个关键概念是"Gestaltungskompetenz"，或者说"改变未来的能力"。这些能力包括有远见的思维、跨领域知识、在社会决策制定中的独立举动和参与。这项工作和 40 个"相关"学校，或者说实验学校一起开展。

以色列：教育部实验和首创精神部门（Experiments and Entrepreneurship Division）在看待学校和教育者时有着稳健的愿景。他们让学校和教育者参与到为期5年的创新支持过程中。其中包括分析和评估、支持规范、培训和研发工具。随着时间的推进，教育部要求这些创新能够跟上不断提高的视野，提倡者和学校在最后阶段要完成一本实验专著。这标志着具体的成功案例成为中心，向其他有兴趣开展类似创新的人提供宣传。

韩国：聚焦于多元文化教育的组织和系统策略非常突出。这些策略包括建立多元文化教育中心这一由教育、科学与技术部支持的特殊机构。这一机构的建立是为了引导研究多元文化政策和创新实践。最终，一所名为 Hanul Club 的学校建立起来，在省级教育办公室（包括创新的彩虹合唱团）的规划和支持下，开展创新的多元文化教育。

墨西哥（教育委员会）：主要的策略是组织开展使用教学专家（又称流动教学顾问，litnerant Pedagogical Advisor，APIs）的干预措施，促进偏远地区和欠发达社区儿童的学习。APIs 与社区教育领导者们协作。这些领导者们是提供社会教育服务的高中生。在家长的积极参与和协作下，APIs 强化了教与学。APIs 的协调中心是教育委员会，墨西哥每个州都有代表人员协助 APIs 的运行。

墨西哥（UNETE）：UNETE，即教育技术商界人士协会，是一个支持墨西哥教育质量和教育公平的非营利组织。2009 年，UNETE 在 15 个州的 128 个学校开展试点。试点的目的包括加深对 ICT 与教、学整合的理解；明晰 ICT 整合对学业成就的影响；提高技术实践培训和督察的规模；发现使用 ICT 的最佳创新实践；分析在不同学校应用具体试点项目的影响。目前试点已经结束，但评估工作还在进行中。

新西兰："学习和变革网络"是一项由政府发起的策略。该策略建立了学校、库纳河毛利小学（毛利特色学校）、家庭、教师、领导者、共同体、专业提供者、教育部之间的知识共享网络。网络的参与者们互相协作，提升 1 到 8 岁学生的学业成就，并解决公平问题。这些参与者通过四个发展阶段开展工作：(1)建立基础设施，让学校、共同体之间的网络能够运行；(2)描述当前的学习环境，从而理解有哪些长处、支持和挑战，并就变革的优先顺序达成一致；(3)实施计划，根据优先顺序开展变革；(4)继续实施有价值的变革,并就下一步的安排达成一致。

挪威：国家咨询团队(The National Advisory Team)项目为学校开办人(包括校长们)提供帮助,提升他们的领导力和学校学习环境。国家建立了一支咨询队伍,为在某些方面存在教学质量问题的学校提供支持。例如学生阅读和数学技能不足、学习环境差、学生(或学徒)不能完成或通不过高一级学校考试的学校。

秘鲁(创新学校)：这是一个由 22 所学校组成的网络(2014 年时),计划于 2020 年扩大到 70 所学校。这一网络的目的是为彼此提供可选择的、卓越的、可推广的、可负担的举措。目前这一网络中正在实施的是范式转变。即从教师中心的教与学模式,转向学生中心的教与学模式。在转变过程中,教学方法和时间的应用都有所创新。技术被看作是学习过程中的一个重要工具。他们使用混合学习模式和一个创新项目,让学生解决他们所处社区的问题,在开放学习的框架下,将学生在课堂所学的知识与真实世界联系起来。

秘鲁(Lego 教育)：这一基金会与教育部合作,激发推动学生学习,提升教师学习共同体。项目储备了 130 000 套 Education WeDo 机器人套件,有 30 000 位具备技术知识的教师指导员负责指导小学教师们,培训了教育部的 50 位专家,在秘鲁 24 个地区面对面培训了 8000 名教师,通过网络培训了 7000 名教师。

斯洛文尼亚：设计了有特色的政策举措,在赋权和共享领导力的原则基础上,在斯洛文尼亚的学校里推广并维持创新学习。这一举措综合了直接推动、激励条例、网络创建、知识管理、领导力策略,以及其他专业发展能力建设,建立了专业知识和变革管理的新形式,为营造适合创新学习的氛围提供了更广泛的推动力。最初在 10 所学校的工作已经推广到了所有的高中,现在已经开始进入小学。整个过程持续了 10 多年。

南非(夸祖鲁-纳塔尔省)：ICT 和教育项目(ICT-Ed)致力于课堂中的教与学质量问题。项目将传统的教师中心的教学替换成学习者中心的、基于技术的教与学环境。其中的一些学校还会收到学校强化规划(school-strengthening programme),用于解决学习和发展中遇到的障碍。

西班牙："关键能力课程整合"(Curricular Integration of Key Competences)是教育

部文化和体育部与自治社区(Autonomous Communities)联合开展的一项举措,旨在促进关键能力的发展。该举措已经通过国家教育创新和研究中心(National Centre for Educational Innovation and Research)进行实践应用。在第一阶段中,150所中小学(既有公立学校,也有州资助学校)在两类学校的准备中被选中。其中,"启动学校"让教师反思自己的实践,并开始了解基于能力的课程大纲。"进阶学校"的目标则是形成由每一个教学团队共享的共同愿景。

瑞典:母语主题(Mother Tongue Theme)是一个创新平台,用于建立、维持并激励母语教师和学校领导者的联系网络。这一平台的关键部分是母语主题网站。该网站为瑞典、挪威等国家的母语教师提供了知识平台。2003年,这一平台获得了"欧洲最具创新意义的多语言多文化平台"全球网站奖。目前,有100位教师和学校领导者为该平台提供45种语言的独一无二的材料。

瑞士(提挈诺州):学校改进顾问(The School Improvement Advisor,SIA)旨在帮助学校和教师开发创新教学方法,并开展自我评价。SIA是指导者、挚友、教育研究方面的专家,他们的工作帮助创新付诸实践。教学面向的对象是瑞士职业教育中的年轻学徒和学生。这些学校大多是工业和商业领域的。

英国(英格兰):完整教育是一个学校、组织和个人的合作网络。这些学校、组织和个人相信所有的年轻人都应该接受完整良好的教育,发展知识、技能和品质,让他们能够生存与工作。这一网络支持在自行任命的、由下至上形成实践共同体的学校之间传播创新实践和变革。网络包含了牵头的合作学校(Partner Schools)、探索路径的学校(Pathfinder Schools),以及全国范围内(主要是在英格兰)一大批联系网络学校(Network Schools)[①]。这些学校都彼此支持,互相学习。

可以看出,这些策略的覆盖面很广。其中一些策略直接由国家教育部牵头组织,而另一些策略中教育部则扮演着支持者的角色。还有一些策略并不是在国家层面开展的,由基金会之类的其他团体牵头开展。一些策略涉及能力建设,另一些则建立平台,让广大利益相关者自己提高能力并分享实践和知识。一些策略以数字技术为依托,

---

① 合作学校和探索路径的学校起到带头引领的作用,相对而言网络学校则主要是跟进参与。

另一些则针对特定的学习者群体，或者聚焦于像健康发展、未来能力这样的具体内容。一些策略只涉及相对比较小的学校网络，另一些则覆盖（或计划要覆盖）整个系统。

创新学习策略背后的线索：Cs

ILE 研究收到了很多策略和举措。除了所处的环境不同外，这些方法有着一些共同点。我们不想假装说这些例子可以提炼出一系列"最佳实践"的共同点。策略的合适与否极大地取决于环境。不同方法之间的不同也很明显。一些举措会比另一些举措更雄心勃勃、更激进。我们这么做的目的是在所有项目的细节中捕捉一些关键的特征。

文化变革

一些策略强调，在学校中建立文化的变革要比表面的变革更重要，同时也更难实现。例如，澳大利亚的"维多利亚 WMR 改革"（Victorian WMR）有着这样的抱负：要改变学校的"思维方式"以追求重大改进，变革学校领导者和教师的教学实践，并且系统提供丰富的"一步接一步"的支持。斯洛文尼亚整个系统的调整始于对"过去的变革都过于从上至下，而重要的当事人没有充足的变革权"的认识。对新的知识、作为学习共同体的新的学校的需求逐渐增多，成为真正意义上的文化变革，尤其是人们开始接受"我们需要更多的协作和联系"的重要性。在这种情况下，由于缺乏协作的经验，我们需要培训沟通技能。南非夸祖鲁-纳塔尔省的举措和秘鲁的"创新学校网络"一样，都很清楚地呼吁文化变革，这样才能让传统的教与学方式（在这种方式下很多学生都失败了）向着更主动的模式转变。

明晰焦点

很多递交给 OECD/ILE 的创新政策都以主流的目标（如解决教育成就低下、促进公平）为导向。传统的方法（即使变换不同的形式，但本质上还是传统的方法）不能解决同一学生群体成绩持续低下这样的"老大难"问题，因此创新是非常有必要的。在一些情形下，创新学习环境不仅仅是实现这些被普遍接受的公平和质量目标的途径，其自身也就是公平和质量目标本身。一些策略也清楚地指出要强化以学习为中心,让学校更加以学习为中心,让学生达到深度学习而不是浅层地掌握知识。一些策略还非常关注未来。比如,德国图林根州和西班牙都努力推广围绕21世纪能力和未来读写能力的新内容。

一些系统强调不论具体的目标是什么,明晰焦点是非常重要的,要避免"百花齐放"。加拿大(英属哥伦比亚)和新西兰的报告都提到,要有经过严格审核的资源为学习提供证据,确保联系网络的创新活动是遵守规范并聚焦的,支持问责制和知识共享。一次试图覆盖所有东西会带来风险,让推广的努力之间彼此孤立,并在过程中逐渐迷失所有的目标。一些系统报告了为了确保聚焦,同时又避免目标过窄而遮挡更广泛的创新,我们可以如何作出选择。例如,很多联系网络将提高书写技能作为提升注意力的核心焦点,但也把它看作是建立更广泛创新的途径。类似的,比利时法语区的 *Décolâge* 举措高度聚焦于减少早期教育的留级率,并将其作为巩固变革课堂实践和成就低下的途径。

能力建设与合作

很多创新学习环境、维持这样的学习环境的策略的核心特征是创建和调整知识。这也是 OECD/CERI 分析长久以来的关注点(e.g. OECD,2004;OECD,2009)。有很多种方法可以用来分享知识,记录在创新过程中一直发生的学习。

为变革提供基础的策略推动了这样的需求:我们要形成有关学生正在发生的学习的知识,并在这些基础上采取行动。新西兰学习和变革网络(New Zealand Learning and Change Networks)的参与者从一开始就参与到为期6个月的深度学习中,分析当前的学习环境以理解学生在成就上遇到的挑战,在变革优先顺序上达成一致,也在学习、教学、领导力、由家长支持的实践这些有用且必须变革的事情上达成一致。在维多利亚,西部大都市地区策略是经过严格的绩效分析后被设计出来的。策略中的领导力是统一的,关注承诺和能力建设、基于证据的课堂技术中的培训与实践、外部资源和支持的规定。

> **方框 3.1　斯洛文尼亚：通过学校发展团队开展变革**
>
> 举措的主要目标是在以下两个方面取得长久的效果：
>
> 1. 促进教师个人、跨学科团队对说教的创新，发展高层次思维和能力。
> 2. 通过策略性的规划，反思性的应用和全校的合作，带进并维持这样的变革。
>
> 在最开始，这一举措主要关注第一个目标，但随后开始转向第二个目标。
>
> 变革整合了不同的方法和工具，例如直接推动、激励机制、建立网络、知识管理、领导力策略和其他专业发展能力建设、制定新的专业知识管理和变革管理，以及更广泛的推动力以营造适合创新学习的氛围。这也涉及了不同的人群和要素，如学习专家、学生、变革管理的概念、学与教、知识、资料、用多种方法组织和整合起来的设施与技术、网络。
>
> 整个过程持续了超过十年，但前三年主要做的就是设计和应用。在最初的试验阶段，有 10 所学校参与，但随后所有的高中都参与进来了（超过 70 所学校），如今也开始有小学参加。随着时间的推进，越来越多的活动交由学校自己开展，因为只有这样他们才能体会变革和创新是他们自己的。最重要的观念转变是"与教师共同设计"。在设计过程中，教师在吸收国家资源和支持方面逐渐占据主导地位。
>
> 来源：斯洛文尼亚注解，http://www.oecd.org/edu/ceri/implementationandchange.htm.

对于理解策略的实施效果如何，研究是非常重要的一步。同样的，想要创建新的资料，使其能够在教师教育和领导力发展过程中被强化和持续使用，研究也是非常重要的。例如，在 Catalonia/Jaume Bofill 基金会的策略中，研究和观察就是"变革的驱动力"，推动了创新学习领导力（Jolonch, Martinez and Badia, 2013）。这样的研究非常有用，让我们理解实际施行情况，而不是在理想的条件下什么会有用。学校和项目在额外的经费资助下参与创新项目。作为参与的一个条件，它要将自己的方法和资料写成手册，分享给其他人。被以色列教育部实验与首创精神部选中的"实验学校"也是如此。

南澳大利亚在评价他们的 ILE 策略时，指出参与者与创新实践共同体的行动研究的重要性。他们发现行动研究的长期影响包括作为讨论创新实践基础的文献和研究的价值、创新实践的效果，以及整体上促进理解和更好的设计。

形成专业知识，将其转换为可使用的形式很重要，这可能让专业机构觉得自己也是变革策略中不可缺少的一部分。在奥地利的 NMS 变革中，这一目的通过创建学习学校国家中心（National Centre for Learning Schools，CLS）得以实现。这一中心的主要目标是：

- 维持并推动学校网络、实践共同体
- 通过资格项目、座谈会和网络，培养变革中介人
- 将当前学习研究的发现整合到 NMS 的环境中，用以开发策略
- 通过网络和印刷媒体，传播下一步的实践思考和案例
- 在教师教育中支持变革过程，以实现 NMS 的目标
- 挖掘全系统的协同潜能
- 为政策和项目的开发提供支持

在奥地利的变革中，有大量的评估工作。这些评估工作既有大规模的国家量化研究，也有小规模的质性研究。评估的结果也被整合到资格认证项目和特别开发的教育原型中。类似的，在斯洛文尼亚，国家教育机构与教育部、高中联盟合作，在变革中发挥重要的作用。在南澳大利亚，创新与当地的大学联系在一起，大学里的优秀学员开展研究，为创新过程提供反馈。

在推广创新学习环境的策略中，专业学习和知识是一起出现的。英属哥伦比亚的 CIEL 项目让参与者掌握有关领导力和学习的研究知识，就是为了让他们能够对高度关注探究的环境有深入的理解和知识。在奥地利，建立 LernDesigner 变革中介人是 NMS 变革的一部分。这项工作也同样涉及了 lernateliers 组织。在这一组织中，教育创新的新成员聚集到一起，进行专业学习与交流。国家中心（负责全国的 lernateliers）和教师教育大学学院（教学类高等院校，负责地区的 lernateliers）合作组织了 LernDesigner 的资格认证项目。LernDesigners 的培训涉及学习意识、差异与多样性、

能力导向、"逆向设计"课程开发①、分层教学和评价,需要两年的时间才能完成。对这样深入学习的认可,以及随之产生的专业能力在变革的过程中一直起到强化变革的作用。

> **方框 3.2　UNICEF:教师教育项目(前南斯拉夫马其顿共和国)**
>
> 在前南斯拉夫马其顿共和国,教育发展部(Bureau for Education Development, BED)在 UNICEF 的支持下,开发并实施了早期算数和读写能力教师教育项目。这一项目开始于2009年,致力于培训、指导、变革教师的实践,以促进目标地区学习效果的提升。在2009年,有34所小学参与该项目。到了2014—2015学年,全国所有的小学(350所)都参与到了算数能力的项目中,全国几乎一半的小学(149所)参与到了读写能力的项目中。
>
> 这项举措包括"培养培养者"策略。BED 的顾问与教师专业团体地方学习团队(Regional Learning Teams, RLT)合作,为项目参与者的教学实践提供新的知识和技能。他们还训练这些教师如何将知识传递给其他教师并支持他们。RLT 的成员随后就成了所处学校同事的指导人,使用"精确的工具"指导他们的工作、收集数据、为教师提供形成性反馈,并帮助他们提升使用创新学习方法和技术的实践。
>
> 在项目开展过程中,项目组每一学年至少访问每一所学校三次,评估项目实施的进展、教师和学校取得的成就和面临的挑战,并为学校和教师提供专业的支持。
>
> 根据项目的实施经验,2014年教育和科学部(Ministry of Education and Science, MOES)和 BDE 在剑桥国际测试中心项目(Cambridge International Examination Centre Programme)的支持下,对小学教育的数学课程进行了第一

---

① "逆向设计"课程开发,原文"backwards design"curriculum development,是一种先确定预期的学习目标,再确定评价这些目标的方法,最后确定能够实现这些目标的教与学活动的课程开发模式。——译者注

轮的修订。目前,这项修订工作已经被官方推广到了所有的小学。

这一举措取得了显著的积极成效。教师不仅提高了教学实践的质量,还树立起了信心,并感到满足。学校内部、学校之间有了更多的协作。更多参与的教师成了其他教师的指导者。学生的算数和阅读能力都得到了提升,并对自己的学习产生了更多自信和主动性。物理学习环境的使用越来越具有创造性。教师领导们也越来越支持创新。作为一个模范,这一举措被证明是有效的、可复制的,可以被应用于其他地区、教育部门的其他举措中。

来源:UNICEF(前南斯拉夫马其顿)注解,http://www.oecd.org/edu/ceri/implementationandchange.htm。

在通过协作、观察和反馈、专业学习转变教师和学校文化的过程中,将"保持学习在所有学校活动中的中心地位"作为组织日常活动的核心是非常有用的。正如Cheng和Mo(2013)所总结的那样,这些活动包括像日本、香港那样的课堂研究(Lesson Study)和学习研究(Learning Study)这样的方法。他们还谈到了在ILE早些时候的书中提到的"核心活动"(Resnick et al.,2010):

当有目的地进行选择并良好实施时,组织的新的日常活动就可能成为变革学校实践的有力工具[……]核心活动不是为了要替代现有的实践,而是重构、"重目的"做事的惯用方法[……][并通过]清晰表达要开展的步骤、这些步骤背后的原理、每一个步骤的要求。这需要经过培训,还需要一套开展核心活动的工具和制品(P293)。

为了专业学习和文化变革,维多利亚的大规模WMR学校改进策略就使用了观察和协作的"学习漫步"活动。促进这一组织活动的政策策略以"推动使用这些不同方法和途径的专业学习"为中心,推进积极使用这些方法的实践共同体。

因此,网络和专业学习共同体是发展并维持创新学习策略得以"推广"的特征。从本质上讲，他们是以自愿和积极参与为基础的，而不是责任义务。尽管和界定良好的教育结构的稳定性相比，这些看上去比较短暂，但这已经成了当前学习系统中合作行动的自然形态。

> **方框3.3　新西兰：学习和变革网络策略**
>
> 　　学习和变革网络策略旨在从推广的实验阶段中学习，把学校和库纳河毛利小学、团体、专业提供者和教育部联合到一起，合作促进1到18岁学生的学业成就。学习和变革网络策略主要从整体上解决以下三个大主题：学校改进、混合学习和数字技术、文化响应（cultural responsiveness），而不是设立不同的项目，分别解决这些主题。
>
> 　　这项策略的设计工作开始于2011年10月，当时建立了代表55所学校/库纳河毛利小学的5个试点网络。在2012年10月，这项策略变得活跃起来。有57个网络得以建立，涉及373所学校/库纳河毛利小学（大约是新西兰学校/库纳河毛利小学的15%），平均每个网络有6到7所学校。策略还特别关注传统学校没有顾及周到的群体：来自低收入人群，有着特殊教育需求的毛利人、太平洋岛屿族裔。这种关注是在这些群体的家庭/大家族①、教师、学校和社区领导的合作下完成的：
>
> - **一套严谨的高度开发的方法**，确保焦点是落在学习和学习变革上的。这套方法包括具体的工具、程序、支持和引导。
> - 清楚地、显著地聚焦于**吸引学习者、学习者的家长、家庭/大家族和社区参与到强有力的学习中**。这样的学习关注合作，因为这些人是取得学习结果过程中的战略性利益相关者。
> - 开发有关**让专业学习共同体和网络运作起来**的应用理论，让学校、教师个体无法取得的结果成为现实。

---

① 大家族，原文 whānau，指毛利社会的家庭，特指大家庭、大家族。——译者注

- **富有经验的领导和管理团队**，将行动和变革的责任放在网络和网络成员身上，同时也将这些责任嵌入到地区和国家的支持结构中。
- 将**评价**放在中心地位，在学校、网络、地区、系统层面形成学习证据。
- 与国际经验和网络紧密联系。

来源：新西兰注解，http://www.oecd.org/edu/ceri/implementationandchange.htm.

网络的建立取决于志愿者和当地专家、利益相关者的专业参与动机。政策在为有效的网络营造氛围、提供途径方面还是有着清晰的作用。一种明显的做法就是支持教师学习和网络在线平台的建立，这也正是下文所要阐述的。

通信技术与平台

技术可以通过创新教学合作、促进学习领导力和形成性组织（formative organisation）周期、在合作富集的网络中拓展能力等各种方式，为创新学习环境中的各种元素（关系、合作和原则）作出贡献。教学实践中没有唯一的"技术影响"方式。ICT 是以各种途径渗透学习环境和系统的（Istance and Kools，2013）。在 21 世纪，任何一项大规模发展和维持创新学习环境策略中，数字通信技术都很明显地占有突出地位，用于克服时间、空间、资源的束缚，在大范围内分享知识、创建实践共同体。

方框 3.4　法国：社交网络 RESPIRE 中的学习和创新专业团体

这一网络的目标是为教育者分享知识和观点、问题和资源，强化专业能力提供最好的条件，同时促进全国范围内相距较远的学校之间的共治和团结。以下三个因素为整个过程注入了活力：

- **分散的社会实践和社交网络的数字化使用**：小学和中学教师根据学科科目、专业兴趣建立了网络。

- **变革的策略**：在学校重构、教育变革、课程演化、教学专业化的环境中，需要一个支持的环境和新的专业化理念。RESPIRE国家网络就是被设计用来支持专业关系的流动性。它属于国家创新策略的一部分，为创新提供知识库（Expérithèque——已有超过2500项创新被编辑上传 http://eduscol.education.fr/experitheque）。RESPIRE由学校发展合作网络支持，这一网络维持所有的举措、支持教师团队、实施基于自我评价的国家专业发展项目。

- **建立"实践共同体"**：RESPIRE通过为实践者共享知识提供新的社交媒体，促进了实践共同体和专业学习团体的建立。通过这一途径，知识和经验、实验和举措、项目和最佳实践能够被共享、传播。

RESPIRE包含了四条原则。这些原则内嵌在它的界面，以及大约5000个相互联系的人的交流和作出的贡献中：

- **非正式**：在网站上，使用者可以自由、直率地表达想法，不需要任何层面的验证；论坛、博客等不同的支持方式让人们可以围绕持续、相关的内容进行快速有效的互动。

- **个性化**：根据他/她的个人兴趣和问题，每一个贡献想法的人都被识别和引导。互动在聚焦的同时被分享。

- **开放资源**：知识很容易被分享，或者根据用户选定的开放程度进行局部分享。

- **合作**：每一个团体都可以分享问题和回答、资源和文档。基本的原则是横向的、协作的，而不是从上至下的。

RESPIRE网络受到多类网络的启发，因此不能简单地归结为一个网络。它是一个教育行业的社交网络，有着强有力的机构支持。RESPIRE是"一个提供交流创新、研究和实验的专业化网站"（http://respire-education.fr）。它为逐渐显现的全国专业学习共同体、有关法国教育系统重大挑战的知识提供了访问途径。

来源：法国注解，http://www.oecd.org/edu/ceri/implementationandchange.htm。

在 OECD/ILE 项目收集到的策略中,平台都有着突出的作用。法国的创新平台 RESPIRE(方框 3.4)由国家教育部管理,收集了超过 2500 项的创新,为实践共同体提供了平台。平台的组织围绕着四个引领性原则:非正式、个性化、开源与合作。因此,这一平台促进了那些已经存在的元素,为它们带来活力。比如社交网络的数字化使用、变革的策略和实践共同体。"母语主题网站"自 2001 年起开始运行,由瑞典国家教育厅共同协调管理。在 2003 年,这一网站获得了"欧洲最具创新性的多语言和多文化网站"的全球最佳网站奖。100 位教师和学校领导者向这个网站贡献了有关 45 种不同语言的独一无二的内容。网站包含三个部分:概要信息、在线资源和语言室。网站和会议、研讨会、培训课程等专业发展活动的联系也很紧密。

芬兰国家教育委员会启动了一个新的门户网站,在 2012 年底提供开放服务,促进创新和优秀实践的推广。学习环境是这个门户网站的主题之一。智利教育部组织的 Enlaces 项目开发了有关质量、创新教学实践的在线资源,提供综合的、相互关联的教师资源。南非夸祖鲁-纳塔尔省的举措中,技术是一个关键的部分。他们的"教育中的 ICT"举措使用学生中心的教与学。在英属哥伦比亚的探究和创新网络中,博客、维基百科、网页就像是网络的生命线。在南澳大利亚,三分之一的 DECD 主要策略都是有关变革学校、有效使用新兴技术的。创新网站也扮演着核心资源的角色。

UNETE 是墨西哥的一个商业联盟,致力于将技术引入到学校的教与学中。UNETE 与约 7500 所学校共同合作。除了提供技术支持外,联盟还开发了 Comunidada UNETE 教育门户网站,用于了解教师的需求和关注点。网站汇聚了国内外教育内容,教师可以使用、打分、讨论、分享并推荐给其他同事和学生。ComunidadaUNETE 使用论坛、虚拟协作社区、不同观点的会议和讨论,促进了信息和内容在教师网络之间的交换。他们有一个历时 1 年的高强度个人导师辅导项目,以及最长三年的远程导师辅导项目,还有能力建设和专业学习作为补充。ComunidadaUNETE 大约有 29000 名用户,是墨西哥校长和教师使用最多的沟通途径和工具之一。

奥地利开发的 NMS 由在线平台支撑,包含了约 200 门 eduMoodel 课程。平台由全国虚拟教师教育中心(Onlinecampus VPH)、学习学校国家中心(CLS)、NMS 网络学习策略小组共同运行。此外,NMS 的在线图书馆还是 NMS 相关资源的门户网站。这一在线图书馆宣传CLS开发的课程和教学最新资源,为学校校长提供双周时事通信,还有一系列的在线活动和名为"NMS思考"的出版物。还有面向所有LernDesigners的"元课程"、虚拟网络和学习空间。访客不能进入这样的空间,因此是一个交流观点、进行开发工作的安全场所。该网站已经成为奥地利活跃度最高的教育平台。

在线资源和交流可以促进自主性和灵活性,也可以用于统一标准。秘鲁创新学校网络中的教师资源中心(The Teacher Resource Center,TRC)也是一个在线平台,包含了大量由网络授权,符合年级标准和学期学习结果的高质量课程。这些课程涵盖了每一个年级的每一门科目。作为一个聚集资源的中心,这一网站也是在整个网络中推广高质量教学资源的途径,简化了教师的备课,并在创新学校网络中形成基于标准的课堂。他们还希望建立起实践共同体,让老师们可以在已有的资料上进行改编,并将新的资料上传到网站上进行分享。

方框3.5 秘鲁:创新学校——可持续的变革,私立教育的经验

秘鲁的私立学校网络"创新学校"开发了一个可行的模型,为中产阶级学习者提供高质量、负担得起的教育。在2010年,作为一家完整的公司,创新学校开始运行,计划在2020年建立起包含全国70所学校的网络,为超过70 000名学生提供服务。如今,这一网络包含22所学校,其中18所学校来自首都利马的周边地区,另外4所来自各省。国家和国际层面与私立学校(Intercorp,IDEO)、大学(天主教大学和卡耶塔诺埃雷拉大学)、教育机构(如安大略校长委员会)的合作是这一网络持续发展的关键。同时,这项举措也和秘鲁教育部建立了稳固的联系。

网络的教学模型致力于:发展学习者的领导力、21世纪技能和伦理人文价值观,让他们成为秘鲁变革中的活跃者;符合教学质量的国际标准,推动终身学习。

这一学习环境中的内容超出了秘鲁的必修课程,并包含了以澳大利亚、加拿大、智利和哥伦比亚的教育模型为基础的标准。自2014年起,通过"设计理解"(Understanding by Design)框架启发了课程创新的过程。

第三章 有助于推广创新学习环境的策略

> 被使用的学习模型有两种:"集体学习"(使用社会建构主义方法,在课堂中集中教学)和"个体学习"(在技术环境中的虚拟、自治、自定步调的学习)。此外,每年还会举行名为"创新项目"的跨学科、跨年级探究项目。2014年,新的教学方法"翻转课堂"在两所学校中进行试验。学生事先在家中研究某一个主题,做好准备。教师在课堂上引导学生讨论,完成"回家作业"。
>
> 创新学校不仅仅是一个学校网络,而且是由多个部分组成并系统运作,以确保以下方面的质量和可持续性:教师培训和检查(通过创新学校和合作大学,年轻教师参与并接受培训,并在实践过程中接受督察);评价和问责(关于学习结果、教师绩效、家长满意度和系统运作);可推广性(未来的规划、架构、资源);创新和教学(在整个系统范围内固定不变的教学模型和创新机会)。
>
> 来源:创新学校(秘鲁)注解,http://www.oecd.org/edu/ceri/implementationandchange.htm.

简单地说,虽然平台和数字通信可以以多样的形式呈现,但它们已经成为发展并维持创新学习环境的策略的突出组成部分。

变革中介人

一些策略涉及通过政策行为建立具体的变革中介人,在地方层面产生影响力并维持创新的动力。奥地利NMS变革的LernDesigner是一个新的教师领导力角色,为校长和高级管理者的领导力提供补充,但不取代他们。这也不仅仅是一个个人的角色:通过定期的lernateliers项目,网络和学习成为可能。LernDesigners在全国范围内建立起实践共同体,以确保他们可以有效地开展变革中介人的工作。墨西哥教育委员会的"流动教学顾问"也是被特别建立起来,让顾问们对那些与教育委员会合作,教育资源贫乏的学校的学习提升作出贡献。在西班牙,关键能力课程整合项目的校方协调人也是这项策略在每所学校的负责人。斯洛文尼亚的"通过学校发展团队进行变革"中的领导者们也是如此。挪威建立了"顾问团队"架构,为那些在某一学科领域、质量方面存在问题的学校提供支持。图林根的创新也依赖于一群基于学校创新的领导者,也就是学校发展顾问。

> **方框 3.6 奥地利:学校通过变革中介人进行变革**
>
> 奥地利的"新中等学校"(NMS)学校变革举措开始于 2008 年。当时有 67 所试验学校参与其中,并计划于 2018 年带领整个中学教育完成这项必须开展的学校变革。在 2013—2014 学年,第六代参与学校达到了 254 所。NMS 的目标是促进创新学习环境,提高中学教育的质量。在试验阶段,该举措建立并开展了全系统层面的网络和实践共同体。关注的焦点是学校校长和 LernDesigners。LernDesigners 是一种教师的领导角色,是奥地利新的举措,扮演变革中介人的角色,对学校的变革产生影响。背后的理论非常清晰:学校的变革必须放在学校层面,变革中介人需要网络和实践共同体。
>
> 每一所 NMS 学校都任命一位教师为 LernDesigners。他们会参加国家和地区的网络会议。为了强化 LernDesigners 的角色并促进创新,学校校长每个学期也被邀请参加国家的网络会议,解决他们自身的领导力问题,和 LernDesigners 一起开发共享的方法。这是变革举措的一部分。
>
> 教师教育学院大学与最近建立的学习学校国家中心(National Centre for Learning Schools, CLS)合作,提供一项两年的资格认证项目(lernateliers)。这一项目从六个领域关注教师的领导力和专业学习("NMS-家庭":学习意识、差异和多样性、能力导向、"逆向设计"课程开发、分层教学、评价)。为了保持积极变革,促进对 NMS 所有初等中学学生平等且挑战的学习环境,CLS 遵循以下主要的目标:
>
> - 保持并促进学校网络和实践共同体
> - 通过资格认证项目、座谈会和建立网络培养变革中介人
> - 将最近的学习研究发现整合到 NMS 的环境和发展策略中
> - 通过网络和印刷文本宣传下一步的实践思考和案例

- 支持教师教育的变革过程,以实现 NMS 的目标
- 挖掘整个系统的协同潜能
- 为政策和项目发展提供支持

为了回应联系 LernDesigners 的需求,虚拟专业学习共同体(Professional Learning Communities,PLC)从 2013—2014 学年起进入原型设计阶段。如今,这一共同体已经作为一项常规实践进行开展。为了探索 LernDesigners 数字网络的影响力,虚拟 PLC 会议以"小片段"的形式开展,用简短的语言(10—20 行)描述关键经验。这些片段关注通过捕捉会议中的情绪和事件,对参与者的经验进行再创造,而不是对内容进行总结。在这些片段中,LernDesigners 时常涌现出对实践的深刻理解、新的思考方式。同时,他们也会遇到处理技术、安排参与会议的时间等问题。这些片段被作为证据,启发 CLS 对学习的影响,以及 PLC 会议可以改进的地方。

来源:奥地利注解,http://www.oecd.org/edu/ceri/implementationandchange.htm。

以上提到的举措并不是一样的。其中的一些是校长顾问,另一些是教师领导,还有一些是具体的学习指导者和顾问。但这些举措有一个共同点,就是新建一个角色,以满足对专业知识和运作的需要。在将这些角色正规化的过程中也可能会有一些紧张和权衡:角色越正规,他们就越被重视,过程也就更严格,因此有可能降低本地的灵活性,增加角色扮演者的抵抗力。也许需要逐渐地将这些角色正规化和渗透入,而不是在一开始就把他们整个的介绍进来。

主要结论

本章概述了提交给 ILE 研究"实践和变革"分支的策略和举措。一共有 26 个国家、省或州、基金会网络提交了有价值的变革策略案例。其中的一些是由国家教育部直接开展和组织的,另一些由国家支持,或者不是国家层面的举措,亦或是由其他机构

共同开展的。一些举措只涉及了小范围的网络,另一则是面向全系统的,但大多数的策略和举措是介于这两者之间的。

这些策略和举措提供了丰富的案例,让我们可以从中了解在不同的系统中推广并保持创新学习的方法。但它们只是可能的策略和举措中的一小部分。因此,不能把它们看作是"最佳实践",也没有一项可以算的上是"全球最佳实践"。

本章梳理了各种各样策略和举措背后的共同点,并将其归纳为一系列的 Cs:

- **文化变革(Culture Change)**:一些策略强调在学校中开展文化变革的重要性。这比表面的变革更重要,也更难实现。

- **明晰焦点(Clarifying Focus)**:很多提交给 OECD/ILE 的创新策略都以主流的目标为目标。例如解决教育成就低下问题、教育质量问题。创新是非常必要的,因为换汤不换药的传统方法不能减少这些问题。明晰焦点和"百花盛开"相反。想要一次顾到所有的事情会导致推广的断裂,并在过程中迷失所有目标。作出选择是常有的事,但也要避免目标过窄,不利于广泛的创新。

- **能力建设-知识和专业学习(Capacity Creation – knowledge and Professional Learning)**:形成对"有关正在发生的学习"的知识,并在知识的基础上开展实践是变革的重要基石。在推广创新学习环境的策略中,专业学习、能力建设和知识有着紧密的联系。需要有研究工作,以理解一项具体的策略怎样能达到最佳效果,并通过教师教育和领导力等途径开发实现策略最佳效果的资源。为了这一目的,专业知识的建立,将其转化为可用的形式的过程有可能需要专业机构的参与。

- **合作与协作(Collaboration and Co-operation)**:很多策略在发展和维持创新学习中都提到了专业化协作。网络和专业学习共同体是建立在合作与协作基础上的。网络由自愿的、积极参与的人建立起来,而不是强制建立的。因此,相比界定良好的教育结构,网络看上去可能有些短暂。事实上,在当前的学习系统中,网络已经成为协作行为的自然模式。政策在帮助营造氛围,建立有效网络方面有着清晰的作用。

- **通信技术和平台(Communication Technologies and Platforms)**:平台和数字通信

已经是发展和维持创新学习环境策略中重要的一部分,虽然它可以以多样的形式出现。平台可能是一项主要的策略,而不仅仅是促进交流的途径。
- 变革中介人(Change Agents):一些策略涉及了通过政策行为,建立具体的变革中介人,负责在实践中发挥作用,提供专业知识并推动创新的持续。在将这些角色正规化的过程中可能会有张力,需要权衡。

参考文献

Bentley, T. and S. Gillinson (2007), *A D&R System for Education*, Innovation Unit, London.

Cheng, E. C. K and M. L. Mo (2013), "The approach of Learning Study: Its origin and implications", *OECD Education Working Papers*, No. 94, OECD Publishing, Paris, http://dx.doi.org/10.1787/5k3wjp0s959p-en.

Dumont, H., D. Istance, and F. Benavides(eds) (2010), *The Nature of Learning: Using Research to Inspire Practice*, Educational Research and Innovation, OECD Publishing, Paris, http://dx.doi.org/10.1787/9789264086487-en.

Istance, D. and M. Kools (2013), "OECD work on technology and education: Innovative learning environments as an integrating framework", *European Journal of Education*, Vol. 48, No. 1, March, pp. 43-57.

Jolonch, A., M. Martinez, and J. Badia (2013), "Promoting learning leadership in Catalonia and beyond", in *Leadership for 21st Century Learning*, OECD Publishing, Paris, http://dx.doi.org/10.1787/9789264205406-8-en.

OECD (2015), "Growing and sustaining innovative learning environments", in *Education Policy Outlook 2015: Making Reforms Happen*, OECD Publishing, Paris, Chapter 8, http://dx.doi.org/10.1787/9789264225442-12-en.

OECD (2013a), *Innovative Learning Environments*, Educational Research and Innovation, OECD Publishing, Paris, http://dx.doi.org/10.1787/9789264203488-en.

OECD (2013b), *Leadership for 21st Century Learning*, Educational Research and Innovation, OECD Publishing, Paris, http://dx.doi.org/10.1787/9789264205406-en.

OECD (2009), *Working Out Change: Systemic Innovation in Vocational Education and Training*, Educational Research and Innovation, OECD Publishing, Paris, http://dx.doi.org/10.1787/9789264075924-en.

OECD (2004), *Innovation in the Knowledge Economy: Implications for Education and Learning*, Educational Research and Innovation, OECD Publishing, Paris, http://dx.doi.org/10.1787/9789264105621-en.

Resnick, L. B., P. J. Spillane, P. Goldman, and E. S. Rangel (2010), "Implementing innovation: From visionary models to everyday practice", in *The Nature of Learning: Using Research to Inspire Practice*, OECD Publishing, Paris, pp. 285-315, http://dx.doi.org/10.1787/9789264086487-14-en.

第四章 在中观层面的网络化中发展创新学习

　　ILE研究列举的策略和举措是在"中观"层面运行的。本章阐述了这些策略和举措在规模上的不同。联系网络和举措是不断涌现和发展的,同样的,它们也会消失。是否继续发展取决于是否出现了新的聚焦学习的联系网络。这些新网络比那些注定要衰退或消失的网络更好更强健。本章将ILE的框架结构进行了拓展,使之适用于中观的层面,并用这一框架呈现我们所收集到的策略和举措:它们聚焦学习的程度如何、它们如何平衡正式和非正式、它们如何传播创新。除了拓展ILE框架外,本章还用这一框架回答"这些举措本身怎么样"的问题:这些策略是如何应用学习原则,在学习证据的基础上进行设计和重设计,并将不同的合作者带到他们的工作中的?

　　本章详述了ILE项目收集的举措和策略是如何为更广泛的学习生态系统的创新作出贡献的。这些贡献既有直接的,也有间接的。从直接贡献的角度来说,一些举措通过建立不同的正式或非正式的联系网络、链和共同体,让整个系统中充满了各样的新型创新。因此,这些举措和策略是在中观层面上运作的。从间接贡献的角度来说,他们为文化和主流政策假设的转变提供了具有启发意义的例子,因此带来氛围上的变革。这些策略和举措使创新像"传染病"一样蔓延开(Hargreaves,2003),在传播观念和创新的同时,转变主流价值观和实践。

　　提交给ILE项目的各样策略和举措还远远没有覆盖到所有的联系网络和方法,但是它们例举出了有助于捕捉中观层面状态的维度：
- **学习是如何被聚焦的？**（学习在何种程度上，以及如何被放置于网络或实践共同体的首位和中心，这些聚焦点是什么？）
- **水平层面是如何进行拓展以纳入非正式？**（非正式关系与合作者的参与程度如何，这些参与者是谁？）
- **它们如何被联系起来、推广开来的？**（推广创新观点和实践的方法，这些方法的效果如何，好在哪里？）

以上这些维度提供了本章的架构，且由丰富的策略和举措佐证。在本章的总结部分，我们探索了其中的一些策略和举措是如何与"7+3"框架形成一致的。

随着网络、实践共同体和策略不断涌现发展，它们也不可避免地会消失。和固定不变的结构不同，这种现象在有机的生态系统中非常正常。因此，系统的发展取决于新的、更优的、以学习为中心的网络的出现和维持，胜过那些必将衰落和消失的网络。当焦点从单一的学习环境转向更广泛的系统时，审查举措的运作"轨迹"而不是简单查看政策时，这种"发展"与"衰落"动态平衡的系统特点就变得更为鲜明。这些观点，连同长时间坚持某项举措的雄心壮志是ILE项目最后阶段的组成部分。在这项国际研究结束后，一些策略和举措被其他的策略或举措吸收，或者完全消失了。

作为中观层面创新的策略和举措

尽管各样的策略有着影响或实现整个系统变革（这一部分中列出的图表主要指国家报告起草完成时的变革规模，这一规模很可能已经发生变化）的雄心壮志，但它们主要还是中观层面的举措。OECD/ILE项目收集的策略和举措中，这一特征并不是能直接看出来的。但对于更大范围的学习生态系统的变革本质而言，这一点确实是非常根本的。而且，如果举措有着引领广泛转变、面向全系统的抱负，那么就需要考虑这样的引领是如何发生的（在第五章中详述）。

在加拿大的英属哥伦比亚，有156所学校和44个学区积极参与探究和创新网络（Networks of Inquiry and Innovation, NOII）和原住民增强学校网络（Aboriginal

Enhancement Schools Network，AESN）。英国英格兰的完整教育网络（The Whole Education Network）正在逐渐发展壮大。第三方或其他机构的合作者们与网络中的150多所学校分享价值观念。在以色列，每年有15所新的实验学校加入教育部的实验和首创精神部门的创新项目。有15所学校完成了他们为期5年的实验周期，并开始再次独立运行。每一年都有80所实验学校在这项创新策略的支持下，共同运作。自从1996年起，这一项目已经支持了300多所实验学校，如今还在支持着37所推广中心。在南非夸祖鲁-纳塔尔省，ILE的项目包含了分布于三个地区的196所学校。

以下案例实现了更大范围内的推广，其中的很多实践扩大了大约两倍的范围。比利时法语区的"*Décolâge*！"项目在2014年8月时已经发展到包含300所学校（是当地学校系统的六分之一）和75家社会中心（当地社会中心的二分之一）。有800多名教师参加过培训。新西兰的学习和变革网络策略带来了将近60个不同的学习与变革网络的建立（Learning and Change Network，LCN，57个），涉及库纳河地区大约15%的学校。在一些举措中，相应的数字非常庞大。比如当本报告正在撰写时，芬兰的"在行动中"项目就已经包含了500所学校，而它的目标是继续扩展，直到覆盖全芬兰所有的学校。

方框4.1　英属哥伦比亚（加拿大）：中观层面策略组合

1）探究螺旋（spiral of inquiry）：在全省范围内，经过训练的探究方法启示并塑造了学校和学区的变革工作。参与的学校花费一年的时间，聚焦于以探究螺旋为框架的探究学习。这一框架包括六个关键的阶段：概览、聚焦、开发直觉（hunch）、新的专业学习、行动、审查行动带来的较大变化。在每一个阶段，都需要回答三个关键问题："我们的学习者目前怎么样？"、"我们是如何知道的"、"这会产生什么关系？"36个学区（全省的60%）直接参与到了以探究螺旋为基础的具体领导力发展中。

2）创新教育领导力证书（Certificate in Innovative Education Leadership，CIEL）：温哥华岛大学的领导力项目将正式和非正式岗位上的教育领导者集合到一起。该项目强调：①理解并应用探究螺旋；②探索、分析并应用OECD/ILE项目收集的创新案例的思路；③对OECD/ILE的七条学习原则有所认识与领悟。截至目前，总计三期超过100名教育领导者已经毕业，2014—2015年又有30名教育领导者参与到项目中。CIEL的毕业生们在26个学区担任着正式或非正式的教育领导者。

3) 探究和创新网络(NOII)、原住民增强学校网络(AESN)：这些网络通过校长和教师将专业学习联系到一起，并为教职员工提供支持，推动全省的变革工作。截至目前，BC有44个学区的156所学校是NOII和AESN的积极参与者。联邦政府的一项拨款资助了关于教师参与AESN效果的研究。这项研究分析了全省范围内50多个探究项目。由于这些举措在一开始就分析了靠后学生的兴趣和需要，对探究学习的关注被证明有利于原住民和非原住民学生和老师。AESN也被认为是一项维持教与学变革的有效机制。

BC正在重新设计课程和评估框架，几位CIEL领导力项目的毕业生也参与其中。即使是从政府获得经费的支持，以上三条策略还是开设了一个不由省级或地方政策主导的"第三空间"。这是一项基于基层的举措，由中观层面的领导管理，并以带进全省的可持续变革为目标。

来源：英属哥伦比亚（加拿大）注解，http://www.oecd.org/edu/ceri/implementationandchange.htm.

并不是所有人都喜欢在一开始就覆盖如此大的范围。德国图林根的ILE启动项目在最开始的3年中，系统地强化了来自全省33个图林根学校的学习环境。秘鲁的创新学校正努力建立一个全国网络，计划在2020年包含70所学校，为超过70 000名学生提供服务。而在2014年，参与这一网络的只有22所学校。南澳大利亚的15个教育和儿童发展部门(Department for Education and Child Development，DECD)学校、幼儿园与一个幼儿教育项目组成了全国创新实践共同体(Innovation Community of Practice)，但它的目标是影响更大范围的变革(第五章)。

在上文中我们对比了不同举措的规模，说明了这些举措是如何在更大范围的学习系统的中观层面中发展的。但是，它们也是非常不同的。本章将围绕关键维度，详细阐述它们有怎样的不同。

拓展学习系统的架构

在本部分中，我们将呈现一个拓展的 ILE 架构，用于理解学习系统（当聚焦点不再只是一个学习环境时）。当我们关注的范围变广时，我们就需要考虑机构成分和基础设施、政府的垂直体系、志愿者和非正式人员机构的水平体系、将学习系统元素组合到一起的知识和协作的联系。之前，我们所提出的 ILE 框架是"和机构无关的"，因为我们认为学习环境是可以处于不同机构形式中的。但当我们描述学习生态环境的架构时，我们就需要区分不同的组织形式，明晰这些组织作为不同类型的学习系统的特征。

可以用一系列的元素来描述一个中观层面的学习生态系统，例如大小、管理的程度、成员机构/组织、资源和技术设施。还有连接这些不同的元素和目标的联系的本质。在本章中，我们将这些元素浓缩到一些维度中，也捕捉一个特定网络和中观层面策略的本质。这些维度同样也带进了"不同的组织安排的有效性"的问题：

- **聚焦学习**：在一个网络中，学习是如何被聚焦的？根据 ILE 七条原则对创新学习的界定，该网络聚焦创新学习的程度如何？
- **平衡正式和非正式**：正式的学习环境以怎样的非正式途径联系到一起形成网络？非正式学习环境的活跃程度和可见度如何？正式和非正式组织"混合"的程度如何？这涉及在正式学校系统的垂直管理体系的基础上，拓宽学习系统。
- **创新"蔓延"的途径**：中观层面的小组推动推广学习创新、借鉴案例、与网络中开展类似学习的团体互相支持、彼此合作。因此，网络中扩散的本质很关键。

一项网络化举措（或是链化举措）可能也会对教学关系、内容和资源有创新的理解，使用学习证据主动设计领导力，将眼界拓宽到其他实体和网络。这意味着，这些举措在运行的过程中，整体地应用了 ILE 框架。我们也从这个视角出发对本章进行了总结。

第四章　在中观层面的网络化中发展创新学习

加强对21世纪学习的关注

本报告所谈论的举措和策略已经是高度关注21世纪学习的了（不然他们也不可能参与到OECD/ILE的研究中）。但是，从这个广泛的普遍起点而言，这些举措和策略在明确聚焦学习的程度、追求的具体学习目标、在实践中如何将学习放到中心三方面上是有所不同的。在一些案例中，随着策略的实施推进，对学习的聚焦也确实得到了加强。例如，芬兰的"在行动中"项目就越来越将学习置于基本理论的中心。在项目开展之初，主要的关注点落在年轻人的体育活动和身体健康的关系上。随着项目的推进，关注点越来越多的落到了体育活动文化对学习环境的正面影响上。

评估学习挑战

当年轻人、他们的家庭/大家族、社区越来越多地参加到学习中，而不是只有专家参与其中时，学生要获得成就就会遇到一些挑战。新西兰的学习和变革网络（LCN）根据对这些挑战的深入理解，开发了一套工具，用于加强网络活动。

领导者对主要的成就挑战要有清晰的直觉，并随后检查学生的观念、教师和家庭/大家庭的观念。让学生描绘（map）他们当前的学习环境。学生、教师、家庭/大家族和领导者分析优势、支持和成就面临的挑战。除了这些，还有学校和网络层面的变革优先顺序。发生的评估分为两类：探索式评估、针对学术研究结果和网络中的实践变革的具体评估。探索式评估用于：(1)支持关于聚焦点的领导力决策；(2)网络倾向的变革优先顺序与策略目的的符合程度；(3)评估在做出转变的过程中，理解的宽度和思考的一致性。教育部的网络能力工具（Network Capability Tools）被开发用于支持网络领导团体监控、测量他们的网络领导能力，因此使他们能够核对网络和学校变革方向的一致性，以及变革行动对学生成就的影响。换句话说，LCN策略很强调学习本身，让每一个学习共同体、由网络建立起来的共同体中的所有人参与进来。同时，LCN提供明确的、正式的工具，为它的"高度聚焦学习"提供支持。

类似的，英属哥伦比亚网络使用的"探究螺旋"在一开始也会概览学生的学习，为活动和协作提供起点。其结果是在原住民学生和非原住民学生中，广泛地发生学习的变革。一项研究调查了省内 50 多个探究项目，研究了这些项目如何追踪和评价探究对学生学习产生的影响。网络为系统筹集这项研究的文本总结材料提供了结构和流程。在每个学区的网络领导者的推动下，这些材料形成了案例研究的体例。这些案例具体呈现了教师是如何改进他们的实践，并研究什么样的途径能更好地实现学习，"就是这样，这些案例为文本记载提供了值得注意的记录，为最初的研究提供了数据库"（McGregor, 2013：122）。

在比利时法语区，一直以来都有教学工具的开发，通过发给学校的小册子在学校中推广，并在教育部网站中提供可访问的教学资源。但目前 *Décolâge!* 新开发了"一套完整一致的教学套件"，强调学习与合适的教学的中心地位。ILE 的"实践者指南"手册以 2010 年出版的《学习的本质》为基础，已被 *Décolâge!* 翻译成法语，并提供给实践者们。

理解 21 世纪的学习

英属哥伦比亚策略的目的可以用三个最典型的目标来总结。这三个目标涌现于过去 10 年与网络、学校的工作中。首先，通过更多智力投入的、灵活的、有响应的、有启示的学与教，变革 BC 每一个年轻人的学习环境。其次，每一个与教育系统有联系的人都要特别关注原住民学习者的学习结果，涉及土著历史、知识和文化。第三，互相联系到一起的教育者要确保学习环境能够引起长久的好奇心、探究-开放思维和终身对学习的信心。因此，与概括的聚焦学习一样，这三个目标也可以被具体理解为涉及投入度、公平性、为终身学习打下基础。

与发展终身学习的关键能力一样，秘鲁的创新学校根据一系列明确的核心能力（有效沟通、使用英语有效沟通、数学能力、科学思维、会使用技术、领导力、企业家精神和首创精神、自治、协作、创造性表达、社会和公民意识等）和获得这些能力的途径，界定并开发了学生学习档案袋，呈现学生在学校生活结束后需要获得的能力。

斯洛文尼亚的"通过学校发展团队变革学校"（Renovating Schooling through School Development Teams）举措列举了要将学习放在中心"我们需要什么"。这些内容和 21 世纪学习与能力的很多定义都是一致的：
- 鼓励在学习中使用程序和问题解决方法
- 促进高阶思维和能力的发展
- 提倡全面的教学与评价方法与策略
- 建立学科之间的联系，促进整体课程的元素
- 提高学习情境的真实性
- 找出支持教与学方式更新的组织议题解决方案

德国的"腾堡州外部评价框架"在本质上提供了界定"学习得到了促进"的标准。在最新一版的"框架"中，个性化的学习作为新的标准被加了进来。新标准的适用性也随之被检验。"学校是如何成功地提供针对团体和个性化学习的机会的"也被视为是对教学质量的重要反思。

以色列的实验学校（The Experimental Schools）计划在教学创新和营造学校氛围的过程中，提供支持并发展学生学术成就和社会价值观的学习环境。这些都回应了以色列对于成功的学校的普遍认识：高成就、积极的学校环境、良好的声誉。因此，激励创新是以更广泛的对"什么是好学校"的理解为基础的。

三个 21 世纪学习模型和设计

墨西哥的 UNETE 为教师、校长和学生建立了新的网络，以变革教学核心。在这之前，很多教师除了自己所在的团体外，没有其他支持系统。UNETE 将教师和全国的其他教师联系到一起，并建立起课堂中学生之间的合作。而在之前，课堂中的学习都是个人的。这也帮助了学生、教师和家长理解课程与课堂外世界的联系。与 ILE 框架一样，UNETE 通过提供支持，引导教师获取新的内容和信息，帮助教师学会拥抱挑战和其他教学方法。通过建立起与教师之间的信任，UNETE 能够评估自身项目的有效性。教师把这一评估看作是向着更好的教与学迈出的一步，而不是一种谴责他们的行为。此外，UNETE 和校长、共同体领导紧密合作，开发优异的学习新途径和改进的教育。UNETE 促进了教师、校长和共同体之间的密切合作，与联邦、州、市政府合作开展项目并促进项目的可持续性。学生更多地与同学、家人合作，将知识与他们的家

庭生活联系到一起。

秘鲁的创新学校致力于将教师中心的学校（教师的知识传递给学生）转变为学习者中心的学校。教师将技术作为重要的工具使用。学生在教师的指导下，积极地投入不同的学习资源（如电子书、网络、教师、其他学生）并与之互动。社会建构主义的学习模型让学生寻求知识，建构自己的理解。但是，这比较费时费力，也对教师提出了更高的要求，这都是进一步推广的障碍。教师需要具备扎实的教学能力，并对自己的学科能力充满自信，坚信自己能够在学生的问题上进行提炼，让学生参与到讨论中，并对学生各种各样的推理思路保持开放。这需要强而有力的教师培训、教师督察和不过大的班额。创新学校使用引领性原则，总结了对学习的本质、教学的本质的共同理解。技术不只是一个工具，而是学习与教学的重要推动者，为学生提供取得更高成就的机会。图 4.1 呈现了学习者、教学核心、引领原则和技术的角色之间的关系。

创新学校学习者	引领原则	技术的角色
创新学校学习者 / 优势和需求	·学习者能够建立自己的学习 ·学习是社会建构的 ·学习开始于学生在真实境脉中的需要 ·学习应该是有意义的 ·学生应该高度投入学习任务中 ·学习涉及学生的智力和道德 ·通过发现学习	·技术变革学习的过程 ·技术引领学校中知识处理方式的深刻变革 ·技术能够提供更多有关学生成就的信息 ·技术提供了对真实生活现象的模拟 ·技术让我们满足每一个学生的具体要求

技术变革并加强学习与教学的过程

图 4.1　秘鲁的创新学校模型

来源：秘鲁创新学校注解，http://www.oecd.org/edu/ceri/implementationandchange.htm.

技术通过不同的模型嵌入到学习过程中，尤其是混合学习和翻转教学。混合学习将课堂中的直接动手实践和数字化学习结合到一起。在数字化学习中，学生使用基于计算机的工具，基于核心的学科概念进行发现和工作。它还结合了学习场所中面对面的交流和基于电子设备的交流。在创新学校中，这些表现为两种形式：集体学习和个体学习。

- 在集体学习中，学生通常以小组的形式，在教师的指导下彼此协作，通过项目和实践发现新概念，发展高阶思维。在让学生发展学术知识的同时，集体学习也支持像协作、团队工作和领导力这样的能力的发展。集体学习通常出现在30人左右的班级中。
- 个体学习是独立的，学生自己引导的、自定步调的学习，通常需要技术的帮助得以实现。学生自己建立学习目标、路径和过程，教师在必要时提供支持。学生学习如何发展自己的自主性，聚焦自己的学习，并对自己负责。个体学习通常出现在60人左右的集体中。

翻转学习是混合学习的一种形式。在翻转学习中，学生通常在家中，通过网络、观看视频、与数字资源互动的方式学习新的内容。以往布置的回家作业则放到了课堂上，教师为学生提供更为个性化的指导、支架和互动。学生在家里探索新的知识，这些知识成为前知识，在他们进入课堂后使用。这让学生能够在课堂中发展高阶思维。前知识越扎实，就越可能在新的不同的情境中进行迁移和应用。目前，这还是实施的初步阶段。

同样的，南澳大利亚的创新学校网络在变革"学习者"、"教育者"、"内容"、"资源"、"组织和教学"方面和ILE的框架保持一致。南澳大利亚的网站（sites）正在对学习者进行变革。例如，他们建立起跨年龄的小组，其中包括7岁的"叽叽喳喳"的学生，10—12岁的小老师。他们也创新内容，用大的架构图和"丰富的问题"促进跨领域的、深度的学习经历。在组织和教学方面，在创新场所中，学生的个性化学习计划、重构后的时间表和聚焦目标学生群体起到了突出的作用。当新建或是根据一定的目的建设设备，或是翻新已有的传统物理空间时，资源的创新就发生了。这些变革后的区域将为目标掌握课堂（targeted master classes）、专业技能的建立点燃"篝火"，为安静的反思提供"洞穴空间"（cave spaces）。教育者则成了促进者、服务者、指导者和导师。他们定期开会，开展共同计划、共同教学、共同评价工作。同时，他们还会思考有关每个学生学习进展的数据和其他证据(Owen, 2012)。

因此,策略和举措如何"聚焦学习"以及具体的途径就深入触及到哲学层面,以及不同策略和系统与他们所选择的创新模式之间的动态关系。在ILE研究中,一些举措框架中突出了在最开始就明晰学习挑战的重要性(而不是想当然地决定),以及学生和家长在整个过程中的重要性。这些举措使用21世纪能力或类似的表述定义学习目标,但同时也兼顾文化价值观。这也进一步提醒我们,创新并不总是介绍新的东西,也可能需要我们回到传统的知识和价值观。网络化的策略可能或多或少涉及精心的设计,将教学法和整体模型中不同的教学、学习和评价方式结合起来。因此,将一个网络化策略描述为"聚焦学习"实际上涵盖了涉及多样方法和多种组合的选择。其中包括这些设计是如何被明晰、被共享,以支持它们在不同的场所中开展并在中观层面汇聚到一起。

通过各种正式与非正式组合方式拓展系统的水平维度

提交到ILE项目的大多数举措是学校层面的措施。因此,它们是属于正式学校教育这一维度的。这也可能是因为参与ILE这项国际研究是由教育行政部门推动的。但更广泛地说,发展和维持创新学习的举措可能会涉及不同的正式和非正式组合。详细说明中观网络中正式与非正式组合及分组,能帮助我们向教育当局和资源澄清这些组合中的关系,当不同的中观网络汇聚到一起时,这样的说明还能够帮助我们弄清学习元系统的组成。

根据正式和非正式混合方式的不同,我们区分了四种形式的网络化和群体化途径[①]:

(1) 一些正式的举措让学校形成群体或网络。所以,将学校组合为共同管辖的团体帮助实现了中观层面的发展。不然这些学校都是彼此孤立地工作。

(2) 一些学校网络和基于学校的实践共同体通过自愿性的举措建立起来,而不是

---

① 即形成网络或群体的方法、途径。——译者注

教育当局要求他们形成群体。

（3）一些举措让正式的学校越来越多地和不同的共同体、非正式的教与学资源合作。这些合作不仅仅是由个别的学习环境发起的，而且是由一群这样的学校发起的，从而建立起更加系统化的合作结构。

（4）一些完全是非正式的举措进入学习场景中。它们既不依赖于官方学校系统中的学校，也完全不是由传统的学校结构运作的。

ILE收集到的案例更偏向于正式学校教育，涵盖了以上的前三种网络化和群体化途径。例如，英国整体教育网络（Whole Education Network in England，WEN）是一个发展中的成员网络，目前包含大约500所学校。这一网络通过上述的第二种方法形成，但它也和其他合作者（这就是第三种方法了）一起工作，这些合作者与第三方或其他机构共享一些价值观，包括皇家艺术、制造业、商业促进协会（Royal Society for the Encouragement of Arts, Manufactures and Commerce，RSA）。整体教育位于伦敦，是一个由RSA特许（charter）发展而成的非营利性组织。它主要的目标是发展一个网络，让学校能够提供高质量的、整体的教育，并论证整体教育的需求和影响。

比利时法语地区的 *Décolage*！举措在2014年4月的时候涵盖300所学校。它关注早期教育，并涉及这一教育共同体中一半的（75家）精神医疗社会中心。芬兰的"在行动中"举措致力于提高芬兰年轻人的身体和健康水平。在这些举措中，自治市和学校建立起它们自己的网络。这些网络的范围也超过了学校，通常包括市级层面的团体（比如，青年人、健康、体育、休闲部门）和各种作为第三方的协会、组织（比如体育协会），还有家长和家长协会。在国家层面，一个重要的合作者是芬兰年轻人协会（Young Finland Association, *Nuori Suomi*）。这个协会是一个国家协会，通过健身活动和体育活动（这些活动现在迁移到了Valo），促进儿童和年轻人身体健康，生活品质提升。

方框 4.2　芬兰 Innolukio（"创兴普通高中学校"）

　　这一举措从一项小的地方措施发展为国家行动，主要关注企业家能力。

> "Innolukio 学习环境鼓励普通高中的学生发展创造性思维,并为他们提供未来工作中所需的知识和技能。这一项目的重要目标是建立起高中生、商业和大学之间的联系,并将学生的创造性作为国家资源进行利用。Innolukio 这一概念包括有灵感的视频、每周练习、Innolukio 竞赛,以及其他能够支持创造性的学习资源。这个学习环境是免费提供给高中生的。学生主要在课余时间参与活动,但教师可以根据教学目标自由使用资源。"
>
> 这一举措开始于芬兰北部一个小镇(Ylieviska)的一所学校里。几年之后,在 2012—2013 学年初,这一网络包含了 320 所高中,110 000 名学生。从那时起,网络也开始转变,拓展到了职业高中和理工学院,如今还包含了综合学校。
>
> "Innolukio"的合作者包括芬兰国家教育委员会、职业与经济部、芬兰教育总工会、芬兰地方和区域当局协会、阿尔托大学、奥卢大学、芬兰技术产业联盟、经济信息办公室、诺基亚公司、微软公司。这一举措得以成功,一方面是因为学习环境,另一方面则是在企业家能力教育(其重要性也是政策制定者中普遍认同的)、活用倡议和宣传管理上取得的成功。
>
> 来源:芬兰注解,http://www.oecd.org/edu/ceri/implementationandchange.htm。

在上一轮的 ILE 案例中,包含了库奥皮奥市的"文化路径"(culture path)项目(参见 OECD,2013)。这一项目通过城市的文化服务,关注 7—16 岁学习者在文化和艺术活动中提升社交能力、情绪能力和身心健康。这一项目将一些实用的工具提供给教师,让他们能够开展目标导向的文化教育,并加强和文化机构的合作,从而实现项目的目标。整个项目分成了和艺术、图书馆、剧院等相关的九条"路径"。这些"路径"的设计都是根据具体年级的需要和课程目标而定的,涉及不同的学科。学习者每年至少参观一所学校外的当地文化机构。

新西兰 LCN 策略的一个突出特征是经过缜密的思考,将学生置于网络活动的前沿位置,同时让教师和家长紧密地参与其中。这一举措让有特殊教育需求,但学业表现又没有达到国家标准的毛利学生、太平洋岛民学生参与到网络中。学生的家长/大家族、探讨如何让学生从被动变为主动的教学专家也参与到网络中。这也常常引发我们重新思考在促进学生学习的过程中,专业权威的本质。一些网络让学生和家长作为共同研究者,参与到重新调整的过程中。另一些网络则更加谨慎,还是坚持让教师和领导者处于首要位置。最需要关注的学生和他们的家人/大家族本身非常有能力,能够成为自身文化的代表。他们与教师和领导们对话,分享他们的学习方法和他们需要的变革。

在德国图林根,刚启动不久的"创新学习环境开发"(Development of Innovative Learning Environments)项目认为教育不仅仅在正式的情境中开展,因此对创新学习环境的理解要超越教育机构。教育也可以发生在家庭中(家长和合法监护人),自然环境有多大,共同体和地区环境就有多大。这一项目和图林根州的"nelecom"(市政中的新学习文化,new learning culture in communes)举措有紧密的合作。

英属哥伦比亚递交给OECD/ILE的三条策略试图建立一个"第三空间"。这个空间不由省级或地方政策管理,但接受从政府来的资金支持。这是一项基层的专业举措,由中观层面的领导管理协调。这项举措还非常关注原住民的教育,因此与家庭、社区、代表原住民的机构有紧密的合作。所以,这条举措包含了上述提到的第二和第三种网络化方法。

在中观层面的水平维度,从正式到不全是正式,再到非正式的发展过程的本质还包含很多内容,但这些已经超出了本报告的范围。就对这些案例举措的分析而言,本部分重点关注明晰这些网络举措中的混合方式和合作形式。更抽象地说,这些讨论呈现出中观层面网络化的四种不同类型:正式的举措将学校组织成群体;学校自愿形成的网络和基于学校的实践共同体;在网络层面的合作让学校越来越多地和不同的团体、非正式的教与学资源(包括服务式学习)一起工作;越来越多的非正式举措加入到学习生态系统中。这些举措在传统的学校机构中可能是完全开展不起来的。第五章的图5.1a和图5.1b提供一个框架,帮助在学习系统的图形表征中定位不同维度的正式/非正式和垂直/水平。

在举措中推广与传播

我们提到的策略使用了不同的方式来推广创新。在芬兰的"在行动中"项目中,很多方法都有所涉及。建立网络、分享信息、国家和地方研讨会是主要的方式。国家项目的框架促进了网络的建立,使得同伴学习成为可能。通过研讨会、宣传册、"在行动中"的网站,大家分享较成功的实践。一些项目还包含涉及在职教师培养的具体举措(例如,图尔库的学校和当地大学的教师教育部合作)。交流策略包括网络、Facebook主页、实时通讯和出版物。媒体的应用也是策略中重要的一环,并且覆盖到了全国、区域和地方媒体,既包含纸质媒体也包含电视和广播。

网络化的活动是新西兰学习与变革网络(Learning and Change Network,LCN)项目的核心(正如项目的名称所显示的那样)。下图(图 4.2)呈现的是这一举措的框架。该框架以建立起学校和共同体之间的网络为目标。首先,网络的领导者与支持者、教育部顾问会面,商讨活动的架构。然后网络领导者们回到各自的学校,和学生、教师、家庭/大家族、领导们一起完成任务。通过跨校访问(虚拟的或面对面的),他们共享并分析各自的想法。他们彼此启发,并作为网络领导小组再次碰头。这并不是组建网络活动,而是为共同管理的网络活动提供框架结构。这些网络活动可以在学校或共同体的内部,也会跨学校或共同体。正如新西兰系统报告中指出的:"想要知道一个网络是否'健康',一个比较好的办法就是看看学生、教师、家庭/大家族是否可以很轻松地说出这个网络是什么。"从网络到网络的学习和变革特别能提高联系度。在 LCN 实施的 5 个地区中,每个学期召开一次为期一天的网络化研讨会(一年四次)。通过一系列这样的研讨会,网络得以活化。有四类 4—8 个核心网络的领导者,提供以下方面的服务:

- 提供在网络中反思发展的时间
- 促进与其他网络领导者之间的相互学习
- 邀请外部专家分享变革优先顺序方面的专业知识
- 让策略领导者讨论策略的新元素,并且(或者)调整策略

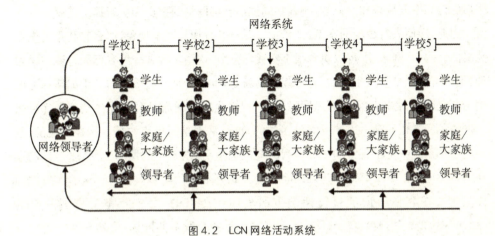

图 4.2　LCN 网络活动系统

来源：新西兰注解，http://www.oecd.org/edu/ceri/implementationandchange.htm.

　　LCN 有一个总的网站，教育部发起了 LCN 虚拟学习网络。其他的一些网络也开始建设自己的网站。其中的很多人是社交媒体的积极使用者。他们使用社交媒体开展协作，创建新的知识，或者推广观点。在最开始的时候，网络领导者的会议是面对面开展的，有时也会使用电子邮件。随着时间的推进，数字交流方式的应用越来越多。澳大利亚的 LernDesigner 项目也是如此。这一项目的平台和门户网站都发展迅速，让他们难以管理和应对，只能进行重新设计并进行扩展。南澳大利亚创新网站从 2012 年起也渐渐地快速发展。在这几年的过程中，项目开展了会议、工作坊、创新专业事件和国家双年论坛。由于这些事件的开展，尽管网站本身存在一些局限，但网站点击量已经是 2012 年的四倍。2013—2014 年每天的网站访问量是 2012 年的两倍。

　　南澳大利亚关注新出现的创新网站。参与者和研究者，创新实践比较成熟的学校通过网站推广他们的创新讯息。网站让参与者了解彼此的创新实践、拓展网络，从而助推分享文化的形成。大多数这样共同管理的网络是由创新实践共同体部门运作的。这一部门有 30 至 45 名人员，他们既有来自最初的 15 个创新点场所的，也有来自最近才成为共同体成员的创新场所。大多数参与者都固定参加每学期一次的面对面会议。在会议上，他们分享实践、信息和观点；关注新的问题或机会；讨论新的研究和文献；在今后的计划中开展合作。此外，实践共同体还会就网络的推广和更新提出建议。

因此，即使只有少量的案例，如果把"网络化"看作是一个现象，那么它几乎是没有意义的。因为"网络化"可以包含很多实践和分组，这些实践和分组有可能是聚焦学习的，但也可能不是聚焦学习的；有可能是创新，但也可能是没有效果的。正如新西兰的例子所表明的，各种层面都可以同时开展"网络化"，包括通过网络化活动这种途径组织网络。网络化的动力来源可能是多样的，也时常不是简单直白的。这在有机的、复杂的生态系统中是很正常的。奥地利的案例也指出"网络中的网络"会带来多样的参与水平。他们把 LernDesigner 网络看作是一系列不同的实践共同体。这些实践共同体是建立在资格认证项目每期学生的具体经历上的（每一年都会有新一批的"LernDesigners"毕业）。LernDesigner 网络也是一个线上共同体，虽然只有一小部分 LernDesigners 在积极地参与并带领活动。大多数参与者没有这么积极，只是看看帖子，下载一些资料，或者在论坛上分享一些观点。

从 OECD/ILE 收到的这些案例来看，还有一些具体的后续推广方法。一种方法是把特别有能力或创新的场所①作为群体的"信号灯"②或是系统领导。另一种方法是通过认证项目，培养专家，发展具体的专家实践共同体。第三种方法则是开展定期的（通常是每年开展）高峰研讨会或会议，推动交流并强化网络和实践共同体。

群体领导/信号灯

以色列教育部建立了"推广中心"，让实验学校的创新模型能够推广到以色列的其他学校。在学校内部，推广中心让校长们支持最有活力的教师，并让他们担任创新大使，丰富他们的角色定位。这样的教师团队会和其他学校的教师会面，时常把新的观点带回自己的学校，丰富学校内的创新对话内容。为了建立可持续的网络，推广中心还建立起多个场所之间的联系，促进创新场所自身的稳健性。当一所学校，或是推广中心和教师教育学院合作，推广就会被进一步的加强。这些学院可以为未来的教师提

---

① 由于提交到 ILE 的案例大多数是关于学校教育的，因此下文中很多"场所"实际上是指学校。但鉴于报告也提到创新不一定只发生在学校，因为在翻译时保留原文 site 的本义。——译者注
② 这是一个比喻，比喻一些场所（如学校）作为范例，为其他场所的创新提供借鉴。——译者注

供实践、观察进行中的创新的机会。

教育部通过互补的工作，也在创新推广的过程中发挥着自己的作用。这些工作包括鼓励对创新教育行动的开发与研究工作；解读实验的设计和要求；追踪创新在教育机构中的培训和吸收；鼓励对实验过程中产生的知识进行记录和管理；在教育系统中传播实验的产品。

英语整体教育网络包含三类会员学校，以及少量的领头或"合作学校"。这些"合作学校"帮助组织把握方向，提供支持组织服务传递的能力。他们支持其他学校，领导教学学校联盟（Teaching School Alliances），为系统领导力的拓宽作出了突出的贡献。

图灵根州创新项目的一个特点是与刚启动项目的学校合作。这些学校在创新学习环境方面已经做了大量的工作。所有参与的学校都获得持续的支持，并被鼓励与其他学校、其他机构建立联系。顾问们为学校的发展提供了特别积极的支持，一些参与者和机构也提供了积极的帮助。这些帮助也同样包含交流、工作交接、获取多方信息和工作资源（例如，在"图灵根州学校门户网站"平台上的信息和资源）。

具体资格

奥地利 LernDesigners 项目的核心特征是资格认证。LernDesigners 参加一个为期两年的国家资格认证项目。这个项目帮助他们获得与 NMS-House 提出的六个领域有关的理论和实践理解。在项目中，他们彼此发展知识和技能，这些知识和技能让他们能够在自己的学校中、LernDesigners 网络中成为有效的教师和教师领导者。英属哥伦比亚的 CIEL 项目是一个为期一年的研究生项目，面向正式和非正式的领导者们。这些领导者们对通过探究和创新实践，将自己的学校变革为具有更高水平的质量和公平性很感兴趣。CIEL 项目的一个关键点是毕业生有机会在毕业后继续延伸他们的学习，通过持续参加探究与创新网络，加深他们彼此间的联系。在以上两个案例在多个方面都进行了深入思考：都通过资格认证，对创新进行系统化的公认；需要在项目中进行推广的知识的本质；通过分享学习项目经验，建立创新领导者的网络。

关键事件

英属哥伦比亚网络和英国的整体教育网络都有一个特征：年度大事件。"Lernateliers"是奥地利创新项目组织的重要工作坊活动。*Décolâge*!举措的特征则是"Coopère!"和"Copilote!"，此外还有全系统范围的研讨会和更传统的网络，用于分享有关设计和自我协调的教学领导力活动。他们有多项目标：加强参与、加强共享的标准、为专业化学习提供并共享领导力、推广知识并催化新知。还有一些活动带进外部的影响力帮助振兴，定期更新策略并让所有的参与者都知晓。

用策略的开展过程例证 ILE 框架

迄今为止，我们在本章中关注了不同的策略是如何让学习系统的中观层面得以发展，并在目标群体中推广创新。出于这个目的，我们拓展了"7+3"的框架，加入了和下列问题对应的不同特征：为什么？谁？如何？一种方法就是在原有的 ILE 框架下，探索一项举措是如何将其应用到举措的设计中的：这些策略本身如何应用学习原则，如何在学习证据的基础上进行设计和重设计，如何将不同的合作者带到整个运行过程中。

在策略的运行中，应用 ILE 框架最好的例子之一就是比利时法语区的 *Décolâge*! 项目。这一项目遵循一系列和 ILE 框架类似的过程和基本原理，建立起五个互相联系的"逻辑"：

- 教育系统中不同合作机构之间**合作管理**的逻辑，以带进积极的学习领导力。
- **基于科学知识开发资源**的逻辑，让工作是基于研究的。
- 不同教育者和团队之间的**网络化和实践共同体激励**逻辑。
- 网络和组织机构**支持教学想法和领导力自我调节过程**的逻辑，从而创新教学核心。
- **评估和反馈逻辑**，为 ILE 框架的设计、评估、再设计循环提供证据。

腾堡州的乡镇公学项目的本质起点是学习研究。这也是 OECD/ILE 项目的起点。来自不同教育领域的专家阐明研究中的观点，了解不同能力的儿童如何能够在一起学习,以及学校可能遇到哪些困难。这类新学校的出现带来了教学和组织工作的变化。ILE 的《学习的本质》提出的七条学习原则为所有相关的人,尤其是学校本身,提供了有关这些教学和组织工作的可信赖性的理论参考点。腾堡州的项目开发了引领性的策略,对学校的变革进行了调查,并对学校基于自身评估所做出的调整的结果进行了评价。这些包括:

- 重新校正学习包和其他素材,确保它们能良好地适应学生的个体化需求。
- 加强辅导系统。例如,投入更多的资源或是更具针对性的培训教师。
- 为教师提供在职培训的机会。例如,关于使用合作学习方法的培训。
- 发起学校物理环境建设的变革,使其更适合于个性化学习、合作学习。例如,建造学习工作室或更新课堂设备。
- 形成教师团队,一起研究质量提升的某些方面,降低因为单兵作战带来的工作负担。

因此,整个项目使用"对综述的综述"指导进一步的政策和重设计,并重新认识了创新教学核心、参与重要专业学习的需要。

斯洛文尼亚学校发展行动(Slovenian School Development)和 ILE 项目一样,从原则起手但随后进行了补充,关注对领导力的需求和实施。他们发现,新方法最与众不同之处就是准备工作不是由中心①完成的,因此他们要求所有被邀学校都要参与进来。他们领悟到,如果学校要对自己的创新做主,学校就必须自己负责进行设计。因此,这一项目中最重要的变革观点就是邀请教师一起设计项目,甚至让教师们在设计过程,在中心的支持下,担任领导者。

奥地利 NMS 的 LernDesigner 举措使用的结构框架,在原则和设计应用方面都与 ILE 框架有所呼应。奥地利的 LernDesigners 认证项目聚焦于课程和教学开发的公正性和卓越性,包含六个发展领域。这些领域被视为是促进学习文化变革所必需的,需要由 NMS 每一个学科中每一堂课上每一个老师来实现,即学习意识、差异与多样性、

---

① 中心,原文 central,这里可能是指负责项目运行的领导团队、中心团队或是国家层面的教育部门。——译者注

能力导向、课程开发的"逆向设计"、分层教学、评价。这些发展领域形成了"NMS-House"(Westfall-Greiter,2013)。

在图林根州发展创新学习环境的举措,以及公共网络管理的情境中,学校使用了专为创新学习环境开发设计的培训测量工具,因此获得了支持。这项举措的实施反映出了多项 ILE 框架中的原则和指导方针:

- **定制化服务**:所提供的学习是基于学习者的需求的(还有老师的需求、教学管理者或其他教学人员的需求),同时还提供多项选择和共同决策。
- **所有权**:学习者参与到测量工具的设计和实施过程中,并作为积极的传播者而获得支持。教师参与到创新的过程中,也因此更倾向于实施创新。
- **网络化**:学校之间的合作和交流,项目管理和其他项目合作者促进了学习和专业共同体的形成。
- **反思**:包括通过日志和档案,进行自我观察,分析、讨论并反思教学行动。
- **和实践的相关性**:为了提高积极学习出现的可能性,开展进一步培训的关键点是与实践的相关性。
- **评价**:包括来自不同项目参与者的,在整个过程中持续的评价和反馈。

英属哥伦比亚领导力项目(CIEL——温哥华岛大学的创新教育领导者认证项目)的设计和关注点中也有和 ILE 方法的共同点。这个项目关注理解并应用探究螺旋,在多种情景中变革学习者的学习结果。这一点和 ILE 框架中的形成性设计/重设计循环类似。CIEL 要求参与者探究、分析并应用 ILE 项目第二项工作[①]所界定的创新学习环境案例。CIEL 还希望参与者能充分理解《学习的本质》中提出的七条学习策略,以及将这些原则实化的研究。

主要结论

- 提交给 ILE 项目的举措和策略建立了不同的网络、链和共同体,引领并推广创

---

① ILE 项目包含三项工作,详见本书的前言部分。——译者注

新,因此丰富了其所处的学习生态系统的中观层面。他们有望转变主流文化和政策假设,提供了令人鼓舞的示例。

- ILE项目收集到的举措和策略并不是"最佳实践",但他们尝试着启发思考,并呈现出可能性与问题。在我们寻求发展并维持创新学习的过程中,他们也帮助我们拓展了分析的框架、加深了理解。
- 网络、实践共同体和策略**不断地涌现、发展并消失**。因此,整体的发展取决于新的聚焦学习的网络化举措的出现。这些举措优于那些必然没落或消失的网络。
- 对网络化举措和策略的分析可以这样提问:他们是如何**聚焦学习**的;如何在**水平维度扩展**以包含非正式的参与者;他们是如何**推广知识、观点和实践**的。这些问题是本章的焦点。
- 在聚焦学习的程度上,ILE研究收集到的举措和策略并不典型。因为他们已经向着创新学习发展了。其中的一些比较突出,因为他们在最开始就概览并明确学习面临的挑战,以及**学生和他们的家庭**在这一过程中的角色,而不是想当然。
- 很多举措所界定的学习目标都与21世纪能力相似。但其中的一些还强调文化价值观和知识。创新并不总是意味着有新的东西,它也可能需要确保传统的知识和价值观没有流失。
- 我们可以看到不同的正式与非正式组合。在学校环境的一端是应要求而联系到一起的学校。当不同的学校或实践共同体通过自愿的方式联系到一起时,正式的程度就降低了。学校可能参与到不同的共同体中,涉及不同的兴趣点。完全非正式的主体或举措也会存在,完全不由学校机构运行。
- 在策略和举措如何**联系并推广创新方面,**若干策略使用了多种不同的方法。"网络化"的概念包含了多种实践形式。如果只是把它当作是一个简单的现象来看待,是没有太大意义的。可能遇到的一个问题就是,当网络化举措成为"自己成功的受害者",交流的量超出了网络本身的能力。

参考文献

Hargreaves, D.(2003), Education Epidemic: Transforming Secondary Schools through Innovation

Networks, Demos, London.

McGregor, C. (2013), Aboriginal Inquiry: Lifting ALL Learners: An Impact Assessment of the Aboriginal Enhancement Schools Network (AESN), http://inquiry.noii.ca/(accessed 13/07/2015).

OECD (2013), Leadership for 21st Century Learning, Educational Research and Innovation, OECD Publishing, Paris, http://dx.doi.org/10.1787/9789264205406-en.

Owen, S. (2012), "'Fertile Questions', 'Multi-age Groupings', 'Campfires' and 'Master Classes' for specialist skill building: Innovative learning environments and supporting professional learning for 'Teacher Engagers' within South Australian and international contexts", Paper presented at the Joint AARE/APERA Conference, Sydney, http://www.aare.edu.au/data/publications/2012/Owen12.pdf (accessed 16/07/2015).

Tubin, D. (2013), "Learning leadership for innovation at the system level: Israel", in Leadership for 21st Century Learning, OECD Publishing, Paris, pp. 170 – 175, http://dx.doi.org/10.1787/9789264205406-7-en.

Westfall-Greiter, T. (2013), "A network of change agents: Lerndesigners as teacher leaders in Austria", in Leadership for 21st Century Learning, OECD Publishing, Paris, pp. 137 – 145, http://dx.doi.org/10.1787/9789264205406-7-en.

第五章 复杂学习系统中的改革和领导力

想要在大范围内发展和维持创新学习,我们需要有这样的认识:当前的学习系统是复杂的,涉及各样场所、各类人员和各样的联系。一系列繁荣发展的"中观"网络系统的建立,是更广阔的"元层面"发生变革的主要途径。由于关系和联系的重要性,知识是创新过程和系统架构的关键点。评估知识是创新和应用中不可缺少的一部分。我们需要有关变革的理论,将行动、策略、有着良好预期的政策联系起来,相关的叙述也起到重要的作用。在如此复杂的系统中,领导力是根本议题,也日益变得富有挑战。领导力常常是来自新的加入者。但是,在学习机会的结构和分布、目标一致性的监管、设施设备和问责制度上,政府的领导力依旧是非常重要的。在调节、激励和促进三个方面,政府扮演着特别的角色。

本报告将创新和学习环境置于更广泛的学习生态环境中进行考察。当今社会的复杂性和互相依赖性日益增加。数字技术等科技以指数级的速度与现代生活的方方面面产生密切的联系。这些都折射到了如今的学习系统中。OECD/CERI最近关于管理的工作报告对当今情形、系统的复杂性进行了这样的阐述:

教育管理涉及各个层面、各类人群,复杂性是其本质,是一个普遍存在的问题。对于政策制定者来说,没有一个清晰的切入点。传统的方法通常关注从上至下的问题,而不是从下至上的举措或是权利分散的水平。这样的方法太过狭隘,不能有效地解决现代教育系统(是一个生态系统)快速演化、不规则蔓延的特点(Snyder, 2013: 6)。

在为着年轻人的学习系统的中心,是彼此"捆绑"到一起的学校和系统。与之相随的,是丰富的、不断发展的教与学新模式。有时候,正式和非正式的学习在这样复杂的网络中组合到一起。由于教育者们是自发通过联系网络和实践共同体走到一起,即使在正式的学校教育内部,也有着数不清的网络、与学校外部具体人员建立的联系、各种关系。要在大范围内发展并维持创新学习,我们就需要理解这样的复杂性。在当前的系统形势中,学习可以发生在很多场所中。通过架构更大范围的系统,我们可以思考正式学校教育的核心如何与更大的生态系统联系起来,从而让学校教育充分发挥自己的作用。

但是,复杂性不代表混乱。复杂性也为框架的发展提供了额外的"红利"。不论是从政策的视角,还是从实践的视角看,这些框架都有可能为教育创新中各类参与者的活动提供启示。本章以思考元层面的架构起头。这区分了中观层面的重要性和网络联系的重要性。当我们不再将更大的系统看作是一个机构结构单一、政策和政府权利单一的统一正式实体时,系统变革极大程度地发生于中观层面的举措、联系网络和实践共同体。其中的一些变革规模比较大,另一些则规模比较小。很多变革所影响的不再是一小部分学习者和共同体,而是会产生深刻的影响。

对网络的关注立刻会引发一个问题,即在复杂的生态系统中,将人们和机构"捆绑"到一起的联系是什么。本章特别关注了知识在提供联系,作为"粘合剂"方面的作用。同样的还有评估和原型设计的作用。随后,本章深入讨论了变革和领导力,再次从提交上来的策略案例中列举了例子。本章还讨论了变革和叙述的理论,在最后还讨论了政府政策扮演的特别角色。

通过中观层面变革元系统

元层面可以看作是更小的中观层面、环境层面系统地聚合在一起,共享架构、文化和境脉。由于元层面的边界可大可小,所以它究竟包含哪些东西并没有唯一的定论。而正式的学校系统有着国家或地区的边界,是规则制定、期望、条件和资源等的重要核心结构。

在中观层面,一些相关的提供者、联系网络是来自正式的结构和场所之外的。虽然这些网络也可能包含了来自正式学校的合作者和参与者。有很多迹象表明,这样的多样化正在发生。其中一部分原因是我们有多样化的需求,另一部分的原因则是科技力量所带来的联系的开放性。这些都出现在美国:

> 变革涉及基于设计的学校网络(既包括特许学校①,也包括非特许学校)的发展和扩散。这一发展和扩散有时候是在共同体内部的,有时候又是跨共同体的。例如,纽约的城市议会学校(Urban Assembly schools)、圣地亚哥的高科技高中(High Tech High schools)、洛杉矶的绿点学校(Green Dot schools)和向往学校(Aspire schools),还有很多地方的 KIPP 学校、远征学习学校(Expeditionary Learning schools)和全局学校(Big Picture schools)。这些网络挑战了我们对学区的传统概念。传统上我们认为学区是学校使命、文化、教学设计和课程的关键塑造者。一些这样的学校设计网络还对过去"学校内"和"学校外"之间的明显界限提出了挑战。因为他们使用社区场地并使用在线的教与学方式(McDonald,2014:140)。

Jackson 和 Petersen(2015)也有类似的观点。他们将网络结构描述为围绕三个不同模型产生的学习生态系统:
- 学校链是一组共享愿景的学校。它们像一个微型系统的本地嵌入式枢纽那样一起工作,在创新的过程中回应社区或当地的具体需求。
- 创新区是集中了创新策略的地区。例如,一座创建了学校、系统领导者和更多

---

① 特许学校,原文 charter school,是美国的一种学校类型,由私人或私营提供经费,不受例行性教育行政的约束,类似于我们国家的民办学校、私立学校。——译者注

教育合作者网络的城市。
- 松散网络和联盟,为专家和学校领导的工作提供了新的社交途径。

总的来说,这些对于引进外部影响力、创建规模经济、多样的实践路径、促进迁移而言是非常有利的。Jackson 和 Petersen 也指出以上每一项都有各自的优点和缺陷:

> 枢纽中心和创新区在引发有力的实践、新方法,或催化对其他系统有效途径的改编方面更有效。过去的经验表明,当将有效的实践推广到最初的合作学校之外时,枢纽中心和创新区是有一定局限性的。在不同学校之间推广一致的实践时,链和专营权(franchises)最为有效,但它们与外部系统之间的分割不利于更广泛影响的产生。松散网络和联盟以社交的方式,在整个系统中推广新实践方面最有效,但它们松散的本质也会影响发展前景的可持续性(Jackson and Petersen, 2015:4)。

正如 McDonald 所建议的那样,当这些变革被看作是大趋势,而不是一个个彼此孤立、需要被单独理解的案例时,它们就会开始变得更为显著。因此,我们的讨论不再局限于根据所包含的学习环境和网络来界定元层面,而是从中观层面丰富的网络化学习生态系统的创建来理解元层面。这也是更广泛的元层面变革发生的途径。这显然与关注传统学校中的"中间"层面不同。尽管这符合"由中层领导"的观点(Fullan, 2005),但它是被放置于更广泛的学习生态系统中的(尽管没有忽视正式的政策和政府)。

联系更多、更多元的元系统的可视化

图 5.1a 和图 5.1b 呈现了包含正式、非正式教育实体,以及混合教育实体的元系统。越往图片的上方,与正式教育实体相连的联系就越多,形成学校群和学校链。越往图片的右侧,这些学校与混合学习环境、非正式教育实体的联系就越来越多。混合学习环境混合了像工作和学习、运动与学习、社区服务与正式学校这样的各种学习环

第五章 复杂学习系统中的改革和领导力

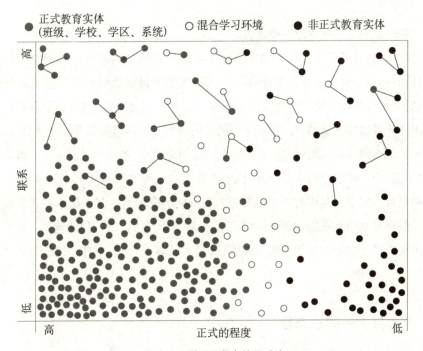

图 5.1a 联系不紧密的元系统

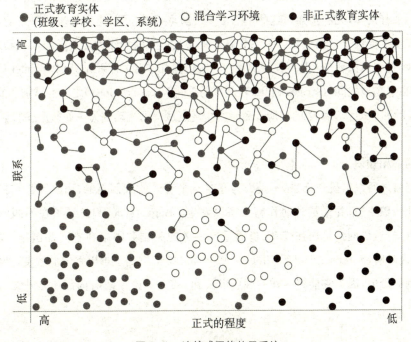

图 5.1b 连接成网络的元系统

境。在最右侧则是非正式教育提供者。

图 5.1a 显示了联系比较弱的元层面学习系统。其中稍微有一些跨校团体和网络，但没有明显的混合迹象。即使有一些非正式的项目和提供者作为学校以外的选择，它们和正式学校系统之间的联系也很少。图 5.1b 所显示的网络化学习系统表现出了团体数量的显著增加。致力于学习的机构和个人也不再像以前那样独自为阵，而是与大量协作团体联系到一起。在网络化的学习系统中，各类学习环境分布得更为充盈（水平轴上）。在学习的动态性、由技术带来并有所要求的激励下，更多的非正式提供者和项目出现了。其中的一些提供者和项目所形成的网络完全位于正式学校系统之外。但更常见的是正式和非正式相互结合，形成图片中间的"混合"地带。正式学校系统中也有了更多的网络和实践共同体，因为它们鼓励学区、学校、班级、教师之间形成群、网络与合作。

学习创新与变革的动态性

学习生态系统不断地在变化。每时每刻都有新的联系出现，也有旧的联系解散，就像一个有机体，无法预知。这些不是由网络所取得的位置、管理的现状决定的，而是很大程度上依赖于日渐重要的关系和联系。尤其重要的是作为连接点的知识和观点。渐渐地，它们也依赖于（但不仅仅依赖于）通信技术。BC 的研究提到 Manuel Castell (2000)对"场地空间"（space of place）和"流动空间"（space of flows）之间的区别。前者指人类经验和活动真实发生的场所。后者则指观点从一处流动到另一处所形成的空间。

网络和知识

网络之所以被挑选出来，不是因为它自身是有效的或创新的，而是因为它提供了联系让知识流通，并最终让协作行为得以发生。Suggett(2014)总结了在不同的政策地区，如何看待网络是快速变革、稳固重要突破的关键："网络在不同的国家、政策地区、各级政府（Sorensen and Torfing, 2009：235）中扩增到了难以置信的程度。"网络具有特别的价值，因为它能将多样的观点汇聚到一起（不论是政府内部还是外部），明晰问题,引导合作并真正实施变革。

有效的网络可以贯穿复杂的阶层,形成棘手问题的新解决方法,还时常挑战地方问题,如预防保健、公益住房和支持弱势青年等福利议题、能源解决方案、环境、重建地区经济(Bourgon, 2011)。复杂的议题强调领导者和组织要具备考虑众多相互依赖关系、突破传统边界开展工作的能力。能够良好运行的协作网络的作用很大,能够发挥大于各个部分能力总和的功能。

方框5.1　WMR改革,维多利亚(澳大利亚)

WMR改革是一项系统的干预策略,用于激励一系列能够提升绩效的努力。该策略旨在提升教师、学校领导和区域职员的教学知识和实践,从而促进该地区所有政府学校学生(包括那些已经表现得不错的学生)的学习结果和健康成长。策略关注读写能力和算数能力(这两者是通往丰富课程和成功转型道路的基石),并随后拓展到课程的其他领域。

该地区将所有的学校分成了7个网络,每一个网络大约包含20所学校。这项地区策略的组织中心点是这些学校,以及与这些学校相关的地方支持设施。地区和所有学校的共同设计、互相承诺使得全系统范围内的提高得以实现。在这一过程中,地区和其中的学校建立起有力的总体目标、共同的话语体系,以及一系列相互连锁的期望和行动。他们选择了一个经过验证的模型,用于提升读写能力和算数能力。这一模型有着很好的追踪记录,能够让专家顾问和培训师从中持续地建立教师的能力。随着该策略的推进,这一方法也推广到了课程的其他领域中使用。

引领这项改进策略的原则有如下四条:

(1) 集体效能:当教师们集体地认为所有的学生都可以学习,都可以有所成就,集体效能就出现了。这也是学生学习有可能提升的首要标志。

(2) 聚焦"教学核心":能够提升学生学习成效的唯一地点就是课堂。这就要求我们关注学生、教师和内容之间的关系。

> **(3) 分层学习**：这有关持续的能力建设，强调每个人都在一起学习同样的内容。
>
> **(4) 逐步释放责任**：这是一项学习理论，提出要将学习者从教师主导的教学，转移到学生为中心的协作和独立实践。这适用于所有的学习，包括课堂中的学生、专业发展中的教师和校长。
>
> 以上原则在"去私有化"（de-privatised）的课堂中得以巩固。在这样的课堂中，专业实践通过开发与合作得以发展和精制。这项策略通过以下四个环环相扣的步骤得以开展：
>
> - 确立挑战，树立共同目标
> - 早期实施：职责明晰，建立互惠责任的紧密网络
> - 严格实施：变革学校的做法，尤其是读写能力和算数能力的教学
> - 涌现集体效能：创新和网络学习蒸蒸日上
>
> 来源：维多利亚（澳大利亚）注解，http://www.oecd.org/edu/ceri/implementationandchange.htm。

内容、设计和实施的知识

鉴于关系和联系的重要性，知识是创新过程和学习结构动态性中的关键部分。在OECD/CERI关于系统内变革的工作中，知识被置于发展框架的关键位置（OECD, 2009）：

> 知识的中心地位[……]知识基础是创新过程的核心，创新的每一个步骤都充实了知识基础，知识基础也为每一步骤提供了输入[……]在这里，知识的定义是广义的，包括从各类资源（比如学术研究、田野实践）中涌现出来的知识，各种类型的知识，包括显性知识和隐性知识（OECD, 2009：94, 178）

知识还被置于 OECD/CERI 有关管理和复杂教育系统工作的中心,观点如下:

> 知识对于管理而言很重要,而管理是知识创建和传播所必需的。随着教育系统的复杂性不断增加,管理系统的学习能力变得越来越重要。大多数与教育政策相关的机构都成了知识富集的组织。它们的成功很大程度上取决于自身的学习能力(Fazekas and Burns,2012:23)。

在 ILE 中,Earl 和 Timperley(2015)提到"评价思维"。在实施过程中,这种思维比可用的知识更重要。Earl 和 Timperley 论述道,评价思维是成功的创新必须具备的元素,它不仅仅是测量和量化。将评价和创新结合到一起要求创新是有纪律的,评价是有弹性的。评价和创新的知识基础在近年来得到了极大的进步,彼此的发展形成了协同增效效应。通过这种效应,不同的利益相关者可以把评价的思维带到创新中。

在创新开展的过程中,评价的思维提供记录、反应和检查过程、成功、失败和障碍的证据,为新的学习作出贡献。在整个创新的过程中,评价思维涉及思考创新活动过程中什么证据会有用,建立一系列可以界定创新进展如何的目的和目标,创建知识并开发新信息的实践性使用。形成假设、收集证据、反思进展的不断循环让利益相关者们(如创新领导、政策制定者、资助者、创新参与者)透过创新进展和效果的新鲜视角,有机会尝试事物、实验、犯错、反思什么是对的什么是错的。

在这种情况下,评价知识不是与创新和变革过程分开,只在结束之后评价其影响,而是创新和实施不可分割的一部分。恰恰因为评价思维和活动是创新过程中不变的部分,参与者可以作出知情的领导决策,参与到设计中。因此评价也是形成性的,为所有的参与者、合作者、利益相关领导者提供共同语言和证据。分享的设计和项目在这样的基础上得以建立起来。

变革理论

Michael Fullan(2007:14)指出,因为"没有区分变革的理论(theories of change,什么导致变革)和变革理论(theories of changing,如何影响这些原因)",很多变革的尝试都失败了。因此,我们不仅要有关于变革的扎实理论(theory of change),也需要有关如何变革前一理论所强调的事物以及可行方法的理论。在学习生态系统中和教育中,总体来说这是很难保证的,因为有太多超出了政府的能力。之后,Fullan(2011)将很多传统的变革工具描述为"错误的驱动者",如问责压力、个别教师和领导的高质量方法、技术、片断化的策略。因为这些没有引领文化变革和重专业化(re-professionalisation),也常常使人失去动力。在 Fullan 的观点中,"正确"的驱动者包括关注学习-教学评价的联系、树立专业的社会能力、和教学相配的技术、发展系统化的协同增效效应。

提交给 ILE 研究的策略和举措呈现出了多样的变革理论。以色列实验学校策略中的教育部变革模型让变革始于学校,在认可的框架中运行以开发创新设计,随后在其他学校中实施和推广。这一模型基于三个假设。首先,整个教育系统中有很多举措需要支持和保护,这是教育部需要提供的。其次,如果一项教育举措要成为创新学习环境,它需要 5 年的支持时间,为学校提供时间、架构和培训,以开展实验并精制教育举措。第三,在 5 年之后,对于那些成功的 ILE 学校,需要建立起推广中心,负责将"诀窍"(know-how)分享给其他感兴趣的学校。

维多利亚案例中的行动理论认为,在某一地区,由大约 20 所学校组成的地方层面的领导力能够:

- 确立改进行动的问责。这在地区和网络层面都非常关键。这让被任命的网络领导者在所处的团队中,一起建立起有关学校需求的知识,以支持他们的改进。
- 确保资源的地方分配和供予决策,与每个学校网络所服务的团体的共同兴趣一致。
- 提供足够的用于学校发展的资源,引领维多利亚政府系统中所有学校的成效有所提升。

在新西兰,LCN 策略的领导者在如何激活横向网络化①方面获益很多。他们从专

---

① 横向网络化,原文 lateral networking,指水平维度的网络化,可参照本章前面的元系统示意图进行理解。——译者注

业技能和权利的中心垄断，转变为了更加共享的理论发展方式，从少量的策略领导者视角和理论转变为 LCN 参与者自己发展对聚焦未来的学习环境的理解，并表达他们背后的理论。这将学习和过程放在了优先的地位，因此推广所影响的是团体中教育者的思维方式和实践转变。

英属哥伦比亚"联系的创新和探究网络"变革策略包含五个关键维度：

找到不同点(deviance)：通过使用"找出积极的不同点"探究模型、创新实践、探究/创新案例研究的定期展示和在线发布，让有前景的可能性保持活力。

联系有影响的人：在点对点的网络中，那些有着丰富变革实践和好奇心的人有可能成为最有影响力的人。这对于网络领导者而言非常重要，因为很多角色都可能联系到一起。例如通过社交媒体、年会、视频的广泛使用、聚焦的社会事件、研究、阅读、面对面会议联系到一起。

充满智慧：在大范围的地理空间和机构场所中，需要有一个被共同接受的开放框架，提供严谨的方法并促进一致性。

发展新鲜活力：需要定期注入高水平的新鲜活力，保持文化的发展和生机（温哥华岛大学的创新领导力发展中心就是这样的例子）。

坚持：坚持是关键，从强壮到创新的过程需要我们花时间"耕耘"。在建立网络、通过持续的努力和想象，实现不同目标的过程中，坚持非常重要。

对于南非的夸祖鲁-纳塔尔省而言，一项简单的项目理论就为他们提供了第一步。

方框 5.2　夸祖鲁-纳塔尔省 ICT 实施项目理论（南非）

如果学生在学习中遇到的障碍得以明晰，并在校内外的合适框架下，由训练有素的教师提供合适的支持，那么学生就可能更规律地到学校来，在课堂中注意力更加集中，在学习活动中获益。

并且，如果教师对所教的科目内容有透彻的理解，接受开展学生中心的教学方法的培训，在教学中使用多样的、兼顾不同学习者的需求的资源，那么学习者就会受到激励。他们投入到精心设计的任务中，使用获取得到的相关资源，

> 从而对自己的学习更加负责。
>
> 并且,如果学校有充足的互动技术,并且配有必需的数字内容,那么学生和教师就能够获取到基于技术的教学与学习资源。
>
> 并且,如果教师接受充分的培训,使用技术规划并开展以学习者为中心的课堂,并鼓励学习者使用技术探索概念、发现相关的信息、有效地参与到课堂中,那么学习者就会有大量的机会获取相关的资源,并投入到自主学习的活动中。
>
> 并且,如果教师积极参与专业发展学习共同体,并分享他们的经验,那么他们就能反思自己的实践,从他们分享的经验中获得启示,对自己的专业知识产生自信并创新教学技能。
>
> 并且,如果教室被建造成创新学习环境,学习者和教师在教室中开展教与学,资深教师到不同的教室中提供帮助与支持,那么学习者的教育成就会有所提高。
>
> 来源:夸祖鲁-纳塔尔省(南非)注解,http://www.oecd.org/education/ceri/ZAF.SystemNotes.pdf.

鉴于在复杂情境中需要有共享的理解,因此变革理论不能是晦涩难解的计划,只有一小部分中心人员了解。理论必须是情境化的,背后的原理也需要是清晰的。随着对学习生态系统发展方向和成功产生共同影响的人越来越多,他们需要围绕一些项目开展合作。这就需要有具体的叙述为不同的参与者提供方向,并阐述为什么变革是重要的。这样的叙述需要逻辑严谨、简明扼要,说出最重要的"故事"。这些叙述建立在变革理论之上,但更容易被理解和接受。这涉及如何沟通,传递清晰的、容易理解的信息。但更重要的是,信息背后的理论和"故事"是有意义的、有抱负的,并且适合情境的。

时间和实施

关系、联系和信任的建立需要时间。网络和共同体的互动不是立刻出现的,而是

第五章 复杂学习系统中的改革和领导力

在时间中慢慢显现的。不论是个人、班级、学校、网络、实践共同体、学区、利益相关者还是教育部门，学习都需要花费时间。变革也是在时间推进的过程中出现的：情境和关系的变革、发展形态的变革，还有衰落与消失。

创新学习环境的有机发展是建立在良好的知识和专业承诺基础上的。这显然不是在一夜之间就能完成的。一些策略描述了他们是如何通过试点实验开展创新的。奥地利的 NMS 变革在 2008 年起步时只有 67 所试点学校。这项工作计划逐渐成为强制性工作，并预计在 2018 年完成在全系统内的推广。前南斯拉夫马其顿共和国的早期算数和读写能力教师教育项目在全面铺开实施之前，在 2008—2009 年开展了谨慎的综述回顾和准备工作。新西兰的学习和变革网络策略最开始有 5 个试点网络，代表了 55 所学校/库纳河学校，随后才开始铺开到更多的学校。德国图灵根州的全纳和创新学习环境发展项目开始于 40 所"起步"学校。这些学校将为之后参与到项目中的其他学校提供参考。

这些案例中的试点是"真实的试点"。但是，通常"试点"这个词不一定指"真实的试点"。"真实的试点"指在后续的长期发展中起到引领性作用的实验。而"试点"也可以是小规模的举措，并没有要引领大范围应用或变革的打算。我们常见的经历往往是外部的资助能提供多久，创新项目就能开展多久。一旦没有了资助，实践也就退回到了原来的面貌，就像"霍桑效应"那样。在这种情况下，应该提供参考价值的试点学校就不能很好地代表其他学校。因为这些试点学校是受到了额外的关注和支持，所以他们为其他可能开展类似举措的学校提供的指导是不准确的。如果没有对变革维系的承诺，试点将成为终点，不能带来更大范围内的变革。

教育创新与变革策略必须花费时间才能产生效果，不管它们本身是有多么的紧迫。例如，瑞典的"母语主题网站"在 2001 年开始时只涉及 4 种语言。但十年之后，网站中包含了 45 种语言的相关资料，有超过 10 000 个网页。斯洛文尼亚的重整项目也经历了十年的时间。即使是那些花费时间相对较短的策略，相比政策循环的时间进度表而言也是比较慢的。比如，英属哥伦比亚的网络持续工作了 2 到 3 年才看到结果，维多利亚的 WMR 策略为期 5 年。

> **方框5.3 南澳大利亚的创新策略与目标**
>
> 为了在更大的系统中进行推广,南澳大利亚合作设计了三重策略:
> - 建立并支持由教育部协调主持的机构访问活动和学习项目。
> - 设立小额实践者补助奖励,鼓励新兴的创新学校收集有关创新实践的数据和证据,并帮助他们升级技术。
> - 扩展实践共同体的运作,定期开展会议和交流,持续促进并加强与内部、外部的合作。
>
> 系统的推广方法以之前在整个教育部内传播创新的策略为基础:
> - 主持一系列的场所访问活动和学习项目,提升对创新实践、创新对学生学习的影响的理解,支持感兴趣的学校创新他们的工作,从而在系统范围内营造出创新文化和更加创新的实践。
> - 通过小额资助、实践者研究技能的建立、收集有关创新实践及其对教师和领导者影响的证据,支持新兴的创新场地。
> - 扩展实践共同体,促进学习的创新。共同体成员共同工作,分享观点,在部门内传播观点。通过与更广泛的专业团体的联系,国家、国际合作和网络,在更大范围内传播观点。
>
> 来源:南澳大利亚注解,http://www.oecd.org/edu/ceri/implementationandchange.htm。

对于从最初少量的创新者到大量实践者的过程,将学习策略内嵌到系统和机构中所必须经历的学习和实施过程而言,时间的重要性都非常关键。新西兰的LCN策略形成了四个发展阶段:(1)建立网络运行所需的设施;(2)描绘学习环境的现状,理解学生学业成就的挑战,并在变革优先顺序上达成一致;(3)实施考虑变革优先顺序的计划;(4)维持有效的策略,对下一步工作达成一致。澳大利亚维多利亚的策略让西部大都市地区的学习结果产生了显著的不同。它也是围绕四个主要阶段开展的:初始阶段、早期实施、全面实施和深化学习。只有完成最后的阶段,变革带来的好处才能被完全地显露出来。这也提醒我们太早进行项目评估的话,创新还没有足够的时间进行合理的融入,所以其对学习的影响也比较少。这样的评估所得出的结果一定是让人失望的。

奥地利 NMS 策略的实施清楚地呈现出不同的"代"。LernDesigners 的认证循环形成了这样不同的"代"。该策略为已经获得资格认证的 LernDesigners 建立网络和专业发展机会,让他们一直参与到变革的过程中,而不是认为他们已经是积极活跃的专家了不需要任何的关心与关注。在项目的设计中,保持已有变革、创建新的变革也是让人印象深刻的例子。

教育变革中一个常见的问题是,学校层面的教育变革时间进度不能与政府项目和资助的时间进度相匹配。因此,通常已有的举措会被"清理掉",新的举措被提出来,而不是在过去的实施基础上继续开展变革。缓和政策与教育变革循环之间不匹配带来的负面影响的方法之一,是放松创新与具体政府项目之间的紧密联系。政府越不是唯一的合作者,项目就越不容易受到管理或人事变化的影响。英属哥伦比亚的创新者把这称为建立"第三空间",建立与政府主管的环境有些距离的空间,允许更多专业对话的出现。

即使如此,对紧迫行动的要求也意味着不只是政府官员,教育者、创新者也都希望快点看到结果。一些 ILE 案例提到快速原型的重要性。快速原型包含了我们在学习架构中关注的两个动态维度:知识和时间。南澳大利亚的案例提到了快速原型的作用。快速原型从实践共同体的创新中提取学校领导的观点,而在创新文化实践者的研究中这通常需要很长的时间。快速原型的方法速度更快,也比较可能获得较好的结果。

奥地利也同样提到原型法是发展虚拟的专业学习共同体(Professional Learning Communities, PLC)的方法。这项工作的挑战是,让忙碌的教师领导者与奥地利全国范围的实践共同体保持联系,并鼓励他们积极参与到全国的发展活动中。虚拟的环境经过了重设计,操作性更强,用户友好性更佳,更易于管理。这项工作也遇到了组织管理上的挑战,包括来自不同学校的忙碌的教师们有不同的时间表,很难确定虚拟会议的时间。技术上的挑战也同样存在,比如不同参与者的技术资源和技术技能有极大差异。在原型法中呈现的图景显示虚拟 PLC 是一个有力的成人学习网络。

复杂性和系统领导力

难题(complication)和复杂性(complexity)之间的差别涉及三条标准：模型或系统可以被设计、预测和控制的程度(Hannon 2014年的研究详细地讨论了一点)。飞机引擎是个难题(complicated)，它涉及很多可活动的部件，可以被高度地设计、预测和控制。而在连续统的另一端，一个系统(比如城市)是完全不同的，可以有不同程度的设计，可以预测和控制的程度也不同。这类系统的特征是元素之间的互动和联系。互动是非常关键的。复杂的(complex)系统是高度自治的，也非常难于预测。

在这样复杂(complex)、多样和富有挑战的情境中，我们真的能够引领变革的过程吗？我们习惯于将系统领导力看作是以政策或政府为中心进行辐射的，或是由一些特别有影响力的机构的领导者领导的。如今，鉴于参与者和中介人(以及资金流)的多样性，领导力的来源可能更为丰富，但任务却更加复杂。

对复杂系统动态性的理解对于有效变革而言非常关键，对于推动有效创新方法的规模化和推广而言尤其重要。在这其中，对需求端的动员和附能(empowerment)还需要更全面的探索。如果更多学习者和他们的家人理解强有力的个性化学习是什么样子的，那么他们就更可能提出个性化的需求，并寻求个性化的学习，个性化学习的供应也可能随之跟上。一些新的参与者，例如基金会，正在对需求端给予特别的关注，并在这一条路径上发挥自己的领导力。

教育全球化推动了未来系统领导力焦点的进一步显著转变。一些国际测试(包括OECD项目开展的国际学术评价，PISA)的开展加速了这一过程。技术在很大程度上是无国界的，因此也会加速这一过程。很多国际公司也已经深入介入到了教育领域中。这样一个全球化的情境带给我们一个启示，即系统领导力可以通过技术的全球化使用而展现出来，变革环境并让这些变革的环境能够对他人产生影响。这就带来了国家/执政政府与众不同、不可替代的角色的新议题。全球化会进一步放大新参与者的作用，包括：

- 公司以不同的方式进入到教育市场(例如，在亚洲开办低成本的私立学校)。

- 资金和公益风险投资在全球运作，规模也通常更大。
- 技术带来创新的学习分析技术，以及大数据在学习情境中的应用。
- 文化机构变得多样，创造不同的学习供应。
- 商业更多地参与到学校中，为学龄学生创设更多的实习机会，丰富他们的学习经历，并让他们的学习立足于真实的生活情境。

但是，全球化并不必然是创新的、有前景的力量。眼光短浅的反应会带来保守和故步自封，把对国际比较结果（比如 PISA 调查的结果）的回应看作是对过去实践的神化，认为它不能很好地满足学习者、社会和经济的需求。

政府的角色

目前的学习系统是很复杂的，而我们又需要让涉及教与学过程中的绝大多数人参与其中。这意味着，对于 21 世纪教育变革的本质而言，自上而下的授权是不合适的，甚至连常见的"杠杆"、"统一"、"规划化"这样的政策隐喻也是不足够的，过于机械化的。政策在实现预期变革的过程中，扮演的角色大部分是帮助创设条件、形成氛围。这涉及帮助能力建设、促进合作、鼓励聚焦学习的网络和实践共同体。

正如新西兰的 ILE 报告中所描述的，虽然政府介入的层次不同，但很多实际的工作都是由政府的支持促成的，并最终成为日常生活的一部分。在比利时的法语社区，*Décolâge* 项目由教育部办公室推动，试图将元层面的变革引入到一个复杂的学校系统中。他们的 ILE 报告指出，政府需要形成新型的管理模式。在这一模式下，政府除了制定标准与规则、开展评估、提供资助外，还要在变革、创新的过程中扮演支持者的角色，也可以称之为"cre-action"。

除了创造实施条件，让创新学习系统繁荣发展外，政府还可以扮演另一个清晰的领导角色。本报告讨论的很多策略都取决于政府的设计和领导力。在这一方面，教育部、系统机构能够起到特别的作用，展现其合法性和宽广度。对于学校而言，政府有资源也有责任，这让他们在变革的过程中处于中心。

在学习机会的整体结构和分布这一领域中，政府有着特别重要的作用。这也是政策在寻求形成目标的连贯性、设施设备和问责制度中的关键任务之一。ILE 的案例策略提供了很多提高连贯性的措施。其中一种方法来自芬兰。在芬兰，国家核心课程可以通过创新学习环境的项目经历开展。因此，核心课程和相关的课程支持材料为变革的过程提供启示。至少它们能帮助避免不连贯性和重复，并有效地促进连贯性和避免重复。另一个例子则是确保创新使用的是全系统的标准，避免建立互相抵触（或难以理解）的基准。例如英属哥伦比亚的探究和创新网络就是基于英属哥伦比亚省的表现标准的。

ILE 的 OECD/CERI 姐妹项目（管理复杂教育系统，Governing Complex Education Systems）也同样关注政府的其他选择和策略。因为传统的"硬"政府模式不再有效，也不再合适。在寻找各种"软"性中央政府模式的过程中，他们发现了这些模式的共同点。它们都是分阶段的（再次强调时间要素），在允许软性的支持过程中，都特别关注公开透明（知识和叙述）(Wilkoszewski and Sundby, 2014)。

带着"预期的变革如何可能真正带来预期的成果"这样的思考，在政府举动可选择的策略中必须突出：

- **调节**：找出并缓解风险；建立质量保障条款；管理数据，隐私和采购。
- **激励**：建立第三方经纪人和促成者；将资源用于建立合作。
- **促进**：建立适合内部和外部的环境；测量变革的影响并推动适合的变革。

促进政府、学校和参与者之间的关系是关键。这些参与者能够为创新教育的追求提供专业知识、观点和资源。

主要结论

- 想要在大范围内发展并维持创新学习，就要理解当今学习系统的复杂性。这些学习系统位于多种场所中，有多样的参与者和多种联系。形成这一大的理解让我们思考作为核心的正式学校如何与更广泛的学习生态系统联系到一起，以优化自身的贡献。
- 中观层面繁荣的、互联的学习生态系统的建立，是元层面变革发生的主要途径之一。这类网络化的学习组织形式可以分为学校链、地方枢纽、创新地区、松散的网络和同盟。每一类都在元系统有一定的位置,都有自己的优点和缺陷。
- 鉴于关系和联系的重要性,**知识**是创新过程动态性和学习系统架构的重要组成部分。
- **评估知识**是创新和实践的有机组成部分,而不是与之分离的,只在最后的阶段来评估创新的效果。参与者被赋予基于证据的领导力决策,并深入参与到设计中。因为评估思维和活动是这一过程不变的组成部分。
- 需要用**变革理论**将行动、策略和政策与预期的有益结果联系到一起。这不只是回答什么是引起变革的因素,而是回答如何能影响这些因素。
- **叙述**为不同的参与者提供了方向,以及变革为何重要的原因。叙述必须简明合理,描述出重要的"故事"。叙述是以变革理论为基础的,但更加易懂,更易于被接受。
- 关系、联系和信任的建立需要**时间**。网络和实践共同体的互动不是立马出现的,而是在时间进程中逐渐显现的。不论是个人、班级、学校、网络、实践共同体、地区、利益相关者还是教育部门,学习都需要花费时间。
- 一些策略在实施过程中使用了试点,在更大规模实施之前留出时间学习创新开展的过程。但是,"试点"一词也常常用来表示相对小范围的,并不打算引领大范围应用的举措。通常资金支持一结束,这些举措也就结束了。一些举措倾向于使用**快速原型**,在很短的时间内开展工作。
- 当前学习系统的复杂性,以及涉及教与学过程中的绝大部分人的需要,意味着**从上至下的管理**是不太合适的。对于21世纪教育变革的本质而言,甚至像"杠杆"、"统一"、"规模化"这样的常见的政策隐喻也是不足够的,太过机械化的。
- **复杂系统中的领导力问题**变得非常关键,也日益具有挑战。领导力常常来自传统系统之外的新参与者。但是政府的领导力依旧非常关键。其合法性、宽度、获取资源的能力使它时常成为变革过程的中心。
- 在学习机会的整体结构和分布方面,**政府**扮演着特别重要的角色。政府负责寻求目标、设施和问责制度的连贯性。政府行动所选择的策略特别关注:(1)调节;(2)激励;(3)促进。

参考文献

Bourgon, J. (2011), *A New Synthesis of Public Administration: Serving in the 21st century*, McGill-Queens University Press, Canada.

Castells, M. (2000), *The Rise of the Network Society*, Blackwell, Oxford.

Cheng, E. C. K and M. L. Mo (2013), "The approach of Learning Study: its origin and implications", *OECD Education Working Papers*, No. 94, OECD Publishing, Paris, http://dx.doi.org/10.1787/5k3wjp0s959p-en.

Dumont, H., D. Istance, and F. Benavides (2010), *The Nature of Learning: Using Research to Inspire Practice*, Educational Research and Innovation, OECD Publishing, Paris, http://dx.doi.org/10.1787/9789264086487-en.

Earl, L. and H. Timperley (2015), "Evaluative thinking for successful educational innovation", *OECD Education Working Papers*, No. 122, OECD Publishing, Paris, http://dx.doi.org/10.1787/5jrxtk1jtdwfen.

Fazekas, M. and T. Burns (2012), "Exploring the complex interaction between governance and knowledge in education", *OECD Education Working Papers*, No. 67, OECD Publishing, Paris, http://dx.doi.org/10.1787/5k9flcx21340-en.

Fullan, M. (2007), *The New Meaning of Educational Change*, Teacher's College Press, New York, NY.

Fullan, M. (2011), *Choosing the Wrong Drivers for Whole System Reform*, Centre for Strategic Education Seminar Series No. 204, Melbourne, Australia.

Hannon, V. (2014), "Innovation, systems and system leadership", http://www.oecd.org/edu/ceri/Hannon%20paper_ILE%20strand%203.pdf (accessed 24/07/2015).

Hargreaves, A. and M. Fullan (2012), *Professional Capital: Transforming Teaching in Every School*, Teachers College Press, London and New York, NY.

Jackson, D. and A. Petersen (2015), "Emerging learning ecosystems: new alliances, new partnerships and new players", London, Innovation Unit, http://gelponline.org/sites/default/files/resourcefiles/gelp_learning_ecosystems.pdf (accessed 17/07/2015).

McDonald, J. P. (2014), *American School Reform: What Works, What Fails, and Why*, The University of Chicago Press, Chicago, IL.

OECD (2013a), *Innovative Learning Environments*, Educational Research and Innovation, OECD Publishing, Paris, http://dx.doi.org/10.1787/9789264203488-en.

OECD (2013b), *Leadership for 21st Century Learning*, Educational Research and Innovation, OECD Publishing, Paris, http://dx.doi.org/10.1787/9789264205406-6-en.

OECD (2013c), *Synergies for Better Learning: An International Perspective on Evaluation and Assessment*, OECD Publishing, Paris, http://dx.doi.org/10.1787/9789264190658-en.

OECD (2009), *Working Out Change: Systemic Innovation in Vocational Education and Training*, Educational Research and Innovation, OECD Publishing, Paris, http://dx.doi.org/10.1787/9789264075924-en.

Snyder, S. (2013), "The simple, the complicated, and the complex: educational reform through the lens of complexity theory", *OECD Education Working Papers*, No. 96, OECD Publishing, Paris, http://dx. doi. org/10. 1787/5k3txnpt1lnr-en.

Sørensen, E. and J. Torfing (2009), "Making governance networks effective and democratic through meta-governance", *Public Administration*, 87 (2), pp. 234–258.

Suggett, D. (2014), "Networking as system policy: balancing vertical and horizontal dimensions", http://www. oecd. org/edu/ceri/Suggett%20Networks%20paper%20formatted. pdf (accessed 24/07/2015).

Wilkoszewski, H. and E. Sundby (2014), "Steering from the centre: new modes of governance in multilevel education systems", *OECD Education Working Papers*, No. 109, OECD Publishing, Paris, http://dx. doi. org/10. 1787/5jxswcfs4s5g-en.

Zitter, I. and A. Hoeve (2012), "Hybrid learning environments: Merging learning and work processes to facilitate knowledge integration and transitions", *OECD Education Working Papers*, No. 81, OECD Publishing, Paris, http://dx. doi. org/10. 1787/5k97785xwdvf-en.

经济合作与发展组织

经济合作与发展组织（Organisation for Economic Co-operation and Development，OECD）是一个多国政府携手应对全球化背景下经济、社会和环境挑战的专项论坛，也是这些政府及时地共同应对诸如公司治理（corporate governance）、信息化经济和老龄化等种种疑难问题的前沿平台。经济合作与发展组织（简称经合组织）为各成员国政府提供了一个场所，在这里，它们可以比较施政得失，寻求共性问题的解决方案，采取有效举措，并统整国内外政策。

经合组织成员国有：澳大利亚、奥地利、比利时、加拿大、智利、捷克、丹麦、爱沙尼亚、芬兰、法国、德国、希腊、匈牙利、冰岛、爱尔兰、以色列、意大利、日本、韩国、卢森堡、墨西哥、荷兰、新西兰、挪威、波兰、葡萄牙、斯洛伐克、斯洛文尼亚、西班牙、瑞典、瑞士、土耳其、英国、美国。此外，欧盟委员会（European Commission）也参与经合组织的工作。

经合组织出版社公开发行本组织有关经济、社会、环境问题的统计数据和研究结果，以及各成员国一致通过的协议、纲领和标准。

图书在版编目(CIP)数据

重新设计学校教育：以创新学习系统为目标/法国 OECD 教育研究与创新中心主编；詹艺译. 一上海：华东师范大学出版社, 2018

("OECD学习科学与教育创新"译丛)

ISBN 978-7-5675-8023-7

Ⅰ.①重… Ⅱ.①法…②詹… Ⅲ.①学校教育－研究 Ⅳ.①G4

中国版本图书馆 CIP 数据核字(2018)第 183800 号

"OECD学习科学与教育创新"译丛
重新设计学校教育：以创新学习系统为目标

主　　编	OECD 教育研究与创新中心
译　　者	詹　艺
策划编辑	彭呈军
项目编辑	孙　娟
特约审读	桂肖珍
责任校对	张　雪
装帧设计	倪志强

出版发行	华东师范大学出版社
社　　址	上海市中山北路 3663 号　邮编 200062
网　　址	www.ecnupress.com.cn
电　　话	021-60821666　行政传真 021-62572105
客服电话	021-62865537　门市(邮购)电话 021-62869887
地　　址	上海市中山北路 3663 号华东师范大学校内先锋路口
网　　店	http://hdsdcbs.tmall.com
印 刷 者	南通印刷总厂有限公司
开　　本	787×1092　16开
印　　张	8
字　　数	120 千字
版　　次	2018 年 12 月第 1 版
印　　次	2018 年 12 月第 1 次
书　　号	ISBN 978-7-5675-8023-7/G·11310
定　　价	22.00 元

出版人　王　焰

(如发现本版图书有印订质量问题，请寄回本社客服中心调换或电话 021-62865537 联系)